高等院校养老健康丛书

实用老年沟通技能

主　编　谢培豪　卢柳霞
副主编　王　萍
编　者　（按姓氏笔画排序）
王　萍　广东医科大学
卢柳霞　东莞市茶山医院
陈彩凤　东莞市茶山医院
谢培豪　广东医科大学
谢菲岚　深圳市宝安区人民医院（集团）

科学出版社
北　京

内 容 简 介

本书根据老人自身独特的心理、行为、疾病等方面的特点与特征，应用人际沟通学、社会与医学心理学、临床医学及管理学、社会学等理论与技能构建专业化与个性化的，融科学性、实用性与可操作性的老年沟通理论与技能。本书既讲述与老人密切相关的日常公共沟通技能，又根据老人特有的需求与场景，专门设计老人的应用沟通技能，兼顾其普遍性与针对性。

本书适合老年学、康复学、护理学等专业教学使用，也可供养老机构培训使用。

图书在版编目（CIP）数据

实用老年沟通技能 / 谢培豪，卢柳霞主编. —北京：科学出版社，2018.1

ISBN 978-7-03-054061-4

Ⅰ. ①实… Ⅱ. ①谢… ②卢… Ⅲ. ①老年人–心理–交往–高等学校–教材
Ⅳ. ①C912.11

中国版本图书馆 CIP 数据核字（2017）第 185070 号

责任编辑：张天佐　胡治国 / 责任校对：郭瑞芝
责任印制：赵　博 / 封面设计：陈　敬

科学出版社出版
北京东黄城根北街 16 号
邮政编码：100717
http://www.sciencep.com

北京市金木堂数码科技有限公司印刷

科学出版社发行　各地新华书店经销
*
2018 年 1 月第　一　版　　开本：787 × 1092　1/16
2025 年 1 月第六次印刷　　印张：9 1/2
字数：220 000

定价：45.00 元

（如有印装质量问题，我社负责调换）

前　言

老龄化是当今世界人口结构变化的大趋势。中国人口老龄化形势更加严峻，呈现出老龄化、高龄化、空巢化、快速化的新特征。预计到2050年，将达到每三个人中有一位老人。服务老人、让老人有尊严地安享晚年将成为全社会不可推卸的责任与义务，我们每个人将承担并扮演着老人的陪伴者、服务者、咨询者、教育者、协调者、代言人，以及终将成为被服务者等诸多角色。因此，掌握有效的与老人沟通的知识与技能将成为每个人今后生活中一项必不可少的任务。

随着老人数量的增加，从事老人服务行业的专业人员的数量也必然相应增加。老人在心理、生理、行为、疾病等方面有着自身独特的特点，在开展相关专业服务过程中，依据适用于一般人群的人际沟通学或医（护）患沟通学等理论和技能与老人沟通，就显得针对性不强，效果不佳。因此，迫切需要构建具有专业化与个性化，融合科学性、实用性与可操作性的老年沟通理论与技能。本规划教材尝试应用人际沟通学、社会与医学心理学、临床医学，以及管理学、社会学等理论与技能进行这方面的探索。

沟通技能是一种集多学科知识与技能、涵盖面很广、实践性很强、个性化十分明显的能力。因此，本书组织了多年从事沟通方面教学与实践工作，对沟通技能的教学及应用中存在的问题有深刻体会的专家、教师成立编写委员会。并且借鉴国外最新编写方法与教学模式，在编写上进行大胆的创新尝试，凸显四个坚持：一是坚持提高学习者对沟通能力重要性的认识。在每个章节前面，辅以引导案例；在每个知识点后面，辅以知识链接，用实际案例的阐述与说明，以及名言警句来强调其重要性与要求。二是坚持以学习者的学习兴趣和过程导向为出发点，充分发挥学习者的主动性与能动性。为此，本书在阐述知识点的过程中，设置了诸如“停下来想一想”、“动动手查一查”等环节，要求学习者在课堂前、课堂上或在课后查找、思考和讨论这些问题，促使学习者学会如何获取、过滤、分析和使用知识，学会在查找问题答案时不断发现问题并提出问题，学会通过讨论问题来解决问题，学会通过自己的思考与感悟来实现掌握知识技能以及拓展知识面的目的。三是坚持兼顾主要理论的阐述与务实训练相结合。为凸显针对性与实用性，本书一改以往书籍惯用的以章节展示知识点的做法，改用直接以知识点为纲进行阐述。同时，将大量的针对性案例或知识链接穿插于理论知识与技能要点的学习中，再通过课后设置实操训练、情景模拟、角色扮演和案例分析等模块，重视从案例中学习、从情景中提高、从实践中掌握，以此加深对知识点和技能的掌握与应用。四是坚持将日常的沟通技能与老人工作场景的沟通技能相结合。根据实际工作需要，既讲述与老人密切相关的日常公共沟通技能，又根据老人特有的需求与场景，专门设计老人的实用沟通技能，兼顾其普遍性与针对性。

本书在编写中突出针对性、实践性与实用性。重点选择与老人密切相关的八个方面内容设置为八章。每章可作为一个独立的主题，每个知识点可以作为一个专题。其中的第一、三、六、八章，既可以作为沟通通用知识方面的教材，供各类人员参考使用；也可以与其他章节一起作为针对老人沟通的专用教材。

就内容而言，本书特别适合于养老相关专业的中高职、本科学生使用，并可作为相关专业工作人员的工具书或参考教材。对从事养老服务的人员，可以结合自己的工作实际及存在的问题，阅读相关章节内容，将有助于提高工作效能与实现工作目标，乃至全面素质的提高；当然也可以作为对养老服务人员开展教育与培训的参考教材。对从事临床医疗与护理的人员，特别是扎根于社区与基层的医疗服务人员，同样有助于提高自身的沟通技能与健康宣教能力。对社会人员，将其作为读物，有利于提高自身与人沟通（特别是与老人沟通）的能力。

如将本书作为养老相关专业的教材，建议总学时数为 24 ~ 30 学时。特别提示的是，为贴合编写要求，最大化地实现教学目标，最好采取小班授课形式，以启发式教学、情景教学与角色扮演为主要方式，将课堂教学与实训合为一体，让学生按照书本的要求将知识、技能、感悟与应用在课堂中现场掌握，提高学生学习的兴趣与实效性。另外，本编委会也将结合自身的实践活动继续编写《实用老年沟通技能教学指导书》，提供给从事教育、培训的各类人员参考使用。

当然，由于编写水平有限，肯定会有许多不足与疏漏，我们真诚期望专家、同行及广大读者予以批评和指正。

目　　录

前言
第一章　沟通概述与沟通基本技能……1
沟通概述……1
沟通的要素、原则与影响因素……6
沟通技能的习得……9
基本沟通技能……11
【实操训练】……21
【情景模拟】……26
【案例分析】……27
第二章　老人的生理心理特点、疾病与社会学特征以及沟通要点……29
老人常见的生理心理特点……30
老人的疾病特征……31
老人的社会学特征……33
与老人沟通的建议与要点……34
不同类型老人的有效沟通策略……37
【实操训练】……38
【情景模拟】……39
【案例分析】……41
第三章　与不同文化背景老人沟通的技能……42
文化与文化差异……43
文化差异性的表现……44
跨文化沟通的原则……46
老人的文化差异与有效沟通技能……48
跨文化沟通的一些建议……50
【实操训练】……51
【案例分析】……54
第四章　不同场景下与老人沟通的技能与要点……55
与老人通信沟通的技能与要点……55
接待参观考察与入住老人的沟通技能与要点……59
拜访居家老人的沟通技能与要点……64
【实操训练】……66
【案例分析】……70
第五章　老人护理（照护）治疗性沟通……71
治疗性沟通……72
老人护理（照护）治疗性沟通的原则……74

影响老人护理（照护）治疗性沟通的因素……75
老人护理（照护）治疗性沟通的工作流程……76
老人护理（照护）治疗性沟通的技能要点……76
特殊场景下的护理（照护）治疗性沟通要点……78
【情景模拟】……81
第六章　告知坏消息……83
坏消息……84
告知坏消息的困难……84
告知坏消息……85
告知后告知者负面情绪的干预……90
【实操训练】……91
【情景模拟】……92
第七章　与“特殊”老人的沟通……94
与患有常见老年病老人沟通的共同要点……95
与患有高血压病、冠心病、糖尿病老人沟通的共同技能要点……96
与老年性耳聋老人沟通的技能要点……99
与老年抑郁症老人沟通的技能要点……100
与阿尔茨海默病老人沟通的技能要点……103
与失能老人沟通的技能要点……110
与临终老人沟通的技能要点……112
【实操训练】……116
【情景模拟】……117
【案例分析】……119
第八章　养老机构内部成员的沟通……121
养老机构内部沟通的重要性……122
养老机构内部沟通的原则……123
养老机构内部沟通的影响因素……124
养老机构内部存在的沟通层级与沟通技能……125
团队与团队精神……130
团队形成的过程……130
【实操训练】……132
【情景模拟】……135
参考文献……137
附录 1……139
附录 2……140
附录 3……141
附录 4……142
附录 5……143
附录 6……144

第一章　沟通概述与沟通基本技能

【学习要点】

◆ 识记：沟通的概念、属性与内涵，以及沟通的基本问题、基本原理、基本要求与基本内容；沟通应遵循的基本原则；有效沟通的基本技能以及与老人沟通的主要技能。

◆ 理解：影响有效沟通的主要因素，以及解决措施；聆听、提问、共情和抚摸技能的应用及要点。

◆ 运用：沟通的基本原则；克服有效沟通中的影响因素；沟通的基本技能；获取和传递信息；聆听、提问、共情和抚摸等技能。

【引导案例】　有效沟通的魅力

老张家，父亲为农村退休中学教师，母亲为农村家庭妇女，身体健康；儿子在城市工作，事业有成，早出晚归。老两口已与儿子一起居住半年多，觉得生活十分无聊，又让儿子分心，有心入住养老机构；儿子多方劝说无效，只能顺从二老意思。经打听，郊区有两家养老机构，已进行考察，正在选择中。

这两家养老机构在规模、环境、服务与收费等方面不分上下。两家养老机构十分重视这个商机。机构甲的工作人员每天致电，突出强调其硬件和服务，以及现在入住的优惠政策。机构乙则采取全方位的策略，包括用车接送他们再次考察，为他们提供网址和微信公众号让其做深入了解，强调机构的医疗护理保障和安全，以及特色项目（有文化养老和田园养老。建议老爷子参加老年大学，既可从事一定的教学工作，又可继续学习其他知识；老奶奶可从事力所能及的田园劳动）等。最后，一家人选择了机构乙，二老欢天喜地地入住。

案例点评：

当前，随着中国老龄化程度的日益严重，有入住养老机构意愿的老人会越来越多，养老机构的商业竞争也会越演越烈。从案例可以看到，为了争取张家二老的入住，两家养老机构都不遗余力。为何最后机构乙被选中呢？原因一：能充分利用面对面沟通（再次用车接送考察），实现情感沟通并建立良好关系。原因二：能抓住张家人的需求与关注点。张家二老最想解决的是生活充实、老有所学、老有所为的问题，儿子考虑最多的则是安全保障问题。原因三：能充分利用媒体渠道（提供网址和微信公众号），让当事人更全面了解机构的信息与特色。可见，要想赢得竞争的成功，必须借助人与人之间交往的桥梁——沟通。那么，什么是沟通和有效沟通？有哪些因素会影响有效沟通？如何才能获得良好的有效沟通技能呢？带着这些问题，我们开始有关沟通技能的学习。

知识链接

如果人际沟通能力也是同糖或咖啡一样的商品的话，我愿意付出比太阳底下任何东西都珍贵的价格购买这种能力。

——洛克菲勒（美）

沟通概述

“沟通”是个外来词，源自英文“communication”。communication 有三种释义：给予或告知（imparting）；迁移或传输（transfer or transmission）；交换（exchange）。其主要意思是指信息的传递与交流等。将其译为“沟通”，是从社会学角度出发，突出强调其互动及双向交流的含义。

因此，本文将沟通定义为——信息发送者凭借一定的渠道（又称媒介或通道），将信息传递给既定对象（信息接收者），并寻求反馈以达到理解的过程。这是一个复杂的相互作用的过程，不仅涉及身体方面，而且涉及思想、意识、思维与情感等方面；不仅体现在微观层面上的语言、文字、行为和非语言的表达，而且也可以具体化为宏观层面的制度建设、程序运行等；不仅要实现沟通目的，而且要增进彼此的关系。可见，沟通是一门学问，更是一门艺术。

沟通具有以下属性：一是不可逆转性。就是说，你希望重返沟通前的状态，消除沟通中已表达过的某些行为与言词，然后将它修饰成比较妥当的言行举止是不可能的；就算你事后再做解释，尽管有时可以消除部分人的疑虑或创伤，但往往无法挽回你在他人心中已留下的印象。二是不可复制性。沟通是一种持续不断、不断变化的过程，我们的思想、情感及外部环境、资讯等每时每刻都在改变，因此不可能出现重复的事件，即使是面对同一个人。三是不可替代性。沟通双方在沟通中所产生的情感及建立的每段关系都是不可取代的。提醒我们要高度重视并把握好每一次沟通。

知识链接

人与人之间，沟通很重要。人际交往是一个人对生活充满激情与渴望的体现，也是一个人对生活乐观豁达的积极心态的体现，更是一个人一生都在学习的一门重要课程。

——卡耐基（美）

沟通具备以下内涵：一是沟通双方都要考虑彼此的最终动机与目的。二是希望能达成一定的共识（理解）。这只是意愿，在实现过程中必须充分考虑可能会存在与出现的沟通“障碍”问题。三是通过采用语言、文字、符号、动作、表情等沟通渠道来实现信息、思想与情感等方面的良性交流。

在沟通过程中，沟通双方的参与是互动、连续与同步的。在沟通中，无论你做什么、说什么，保持沉默、面对还是逃避、情绪化地应对，甚至摆出一种扑克脸，你都在将心中的想法与感受传递给对方，都显示沟通在互动中同步连续进行着。例如，在沟通中你保持沉默，会给对方以下信息：“你默认这种说法或意见”或“你在逃避这个问题”或“你对我的谈话内容不感兴趣”等，对方均会根据自己的判断来采取相应策略促使你继续沟通下去，直到你有比较明确的态度。

【案例说明】 **奶奶与孙子的对话**

奶奶把晚饭做好了，于是催促9岁的孙子：“准备吃饭了！赶紧关掉电视。”“把手洗干净啊！”

不一会儿，孙子从洗手间出来，大叫“饿死我啦”并走到饭桌旁准备吃饭。

奶奶仍不放心，“手洗干净了没有？有没有用洗手液？”

本来准备吃饭的孙子停了下来。

奶奶：“我跟你说话呢！再说一遍，要洗干净才行，要用洗手液！”

孙子：“奶奶，你好烦啊！”

奶奶生气了。“这是什么话？叫你洗干净还不是为了你好！你这个没良心的！我忙里忙外为了谁？”

孙子干脆又跑到客厅看电视。

奶奶：“你怎么又看电视了！快来吃饭。你看，手又弄脏了，快再去洗手，我的小祖宗。”奶奶一边喋喋不休，一边走过去牵着孙子的手走进洗手间。

孙子满脸无奈，跟着奶奶进入洗手间洗手。

上面的对话为何会出现不欢而散的局面呢？首先是奶奶将对话目的做了改变（从原来的吃饭转为洗手），使得原本共同接受的目的（吃饭）被冲淡了；其次，孙子本来也洗手了，但奶奶的过高意愿又导致了双方沟通出现障碍；最后是奶奶随后出现的情绪反应，以及对事态的扩大，终于使孙子无言以对，只能沉默。但孙子的沉默未能解决问题，奶奶仍不依不饶。这提醒我们，在沟通中最好能保持沟通双方目的性与意愿的一致性。该案例也体现了沟通的互动与连续性。

为更好地学习有效沟通技能，必须掌握沟通的基本问题、基本原理、基本要求与基本内容。

● 沟通的基本问题是心态（态度）

心态是指人们对事物发展的反应与理解表现出不同的思想状态与观点，这是每个人立身处世的根本问题，也是沟通中的基本问题。心态决定一切，心态不好，就谈不上沟通。因此，在学习与应用沟通技能时，必须克服以下三种严重阻碍沟通的心态——自私、自我与自大。

○ 自私：是指基于个人利益需求所做出的行为及反应，其一切活动的出发点都是自我。也就是以自我为中心去考量与决定一切问题。至于其他的，那就是“事不关己高高挂起”。要求这样的人在沟通中考虑对方的动机和目的是不可能的。

○ 自我：亦称自我意识或自我观念。主要是指个体对自己存在状态的认知，是个体对其社会角色进行自我评价的结果。在日常生活中，常有这样的一些人，他们推行的是“推己及人”，总认为自己明白的事情别人也应该明白，总觉得自己做得已足够好。他们总会说：“我这样说你怎么就不明白呢？”“你到底要我怎么做才行？”在这种心态下，是肯定无法实现沟通中彼此的互动与双向交流的。

○ 自大：就是自以为了不起。把自己的地位、作用等看得过于重要，夸大自己的价值。自大的人，常出现这样的心理：“我比你懂得多，你应该听我的。”“这事到底是你负责的还是我负责的？”这种心态也是沟通的大忌。

知识链接

藐视事实，把它称为无稽之谈也是一种愚蠢的骄傲，这是自命不凡的人常有的弊病。

——蒙田（法）

● 沟通的基本原理是关心与信任

○ 关心：含有留意、注意、关怀和挂念的含义。关心就是把人或事情常放在心上，给予重视和爱护；就是充分考虑对方的难处、不便与痛苦，给予谅解和同理。只有关心，彼此间才会在乎，才会用心，才会设身处地思考彼此存在的问题。

○ 信任：是指相信而敢于托付。它具有以下特点：

□ 易损伤性：是指在交往中任何一次非预期的行为都有可能轻易导致对信任的破坏；而且当信任遭到破坏后，通常都无法修复或很难修复。因为信任本身是一种彼此间的主观信念。提醒我们在沟通中一定要珍惜彼此之间来之不易的信任并全力为之。

□ 有限性：信任的有限性是客观存在的。这是由于彼此双方存在着文化、价值观、世界观，以及需求、愿望等方面的差异。提醒我们在沟通中可以用真心与能力来不断增进彼此间的信任，提高这种有限性。

□ 不对称性：表现为三个方面。一是由于个体心态等方面的差异导致彼此间信任的力度呈现不对称性。二是信任的建立需要较长时间的交往积累，这个积累过程会因个体自身的变化而出现不对称性。三是双方主被动的问题。主动一方（沟通者）的主观愿望会多一些，出发点会明晰一些，给予的信任度也会多一些；反之，被动的一方（被沟通者）会弱一些，这也导致信任的不对称性。

□ 事件区分性：是指沟通双方的信任不是一成不变的，会随着具体事件的改变而变化。这是沟通双方对具体事件的认知与态度等方面的不同而客观存在的差异。

其实，每个人都有着想赢得他人信任的根本愿望。要实现这个愿望必须做好下面四个基本要素。一是诚信，指诚实与真诚。包括具有完善的人格、履行诺言（承诺）、言行一致与始终如一等。诚信是所有要素的根本，没有诚信，其他的要素将失去意义。二是动机，动机在心理学上一般被认为涉及行为的发端、方向、强度与持续性。好的动机有着通过激发与鼓励，使人产生一种内在驱动力，使之朝着所期望的目标前进的力量。因此，要求沟通者必须做到动机纯正与明确、真诚与主动，并具有开放的心态接受新观点，以及愿意与他人交流思想。三是能力，包括天赋、技能、知识与语言、行为方式等。能力是提升信心的手段，是赢得信任的外化形式。要求沟通者必须具备过硬的专业知识与技能（如为老人服务时必须具备的专业知识、技术和能力），才能通过专业、有效、到位的服务来赢得信任。四是成果，指做过的事情及其表现。就是说，你想不断提高你的信任度（信用），要求你通过一次又一次的良好表现来获得。

如果将信任度比喻为一棵树。那么，“诚信”是地表以下的基础，是信用之树赖以生存的树根；“动机”是地表以上的树干，既容易被察觉，又起到支撑、承接效果的作用；“能力”是树枝，可以创造实实在在的成果；“成果”是信任之树的果实，信任之果可以被人看见与评价并产生一定的效能。

下面的一些建议与做法有助于有效提高他人对你的信任度。

——做出承诺就要信守承诺。做出承诺时要切合实际，不要做出超过能力的承诺。就是说，不要做出不能信守的承诺。

——要建立忠诚的良好信誉。这里包括愿意客观地评价他人，保护他人并且给他人留面子。

——做到言行一致，表里如一，并且一贯坚持。

——不要在私底下对他人说三道四；不要对自己的能力自吹自擂；不要泄露他人私下告诉你的秘密。

——不断提升自己的能力。当你有足够的知识和技术水平时，他人才会相信你能承担起相应的责任。

知识链接

当你与别人意见向左时，应以你的表情、耐心、所言所行向他证明你是真的关心他。

——保罗·道格拉斯（美）

信任是一种双向的、相互的关系，是交往双方沟通持有的、对于双方都不会利用对方弱点之信心。

——萨贝尔（意大利）

● 沟通的基本要求是主动

主动沟通是一切交往的前提。因主动而建立交往关系，因关系的加深而产生理解，因理解而产生信任，因信任而有效解决分歧、达成共识，达到真正意义上的有效沟通。主动，既要主动传递与支援，又要主动提问与反馈，这样才能形成我们接下来要学习的信息有效传递反馈系统。

知识链接

成就一生的重要能力是沟通能力，人从自然人向社会人转化的过程中，离不开与人交流，与人沟通。

● 沟通的基本内容

沟通的基本内容可以用 5W2H 来概括。即 Why——何因：指沟通的目的与目标；Who——何人：指沟通的对象；What——什么：指沟通的主题或内容；Where——何地：指沟通的地点；When——何时：指沟通时间的选择。How——如何：指如何实现沟通目标的手段；How much——多少：指能达到多少共识（图 1-1）。

把握好沟通目的是有效沟通的金指标，由于篇幅的关系，这里重点介绍有关沟通目的的内容，其他内容将在后面的学习与实训中体现。

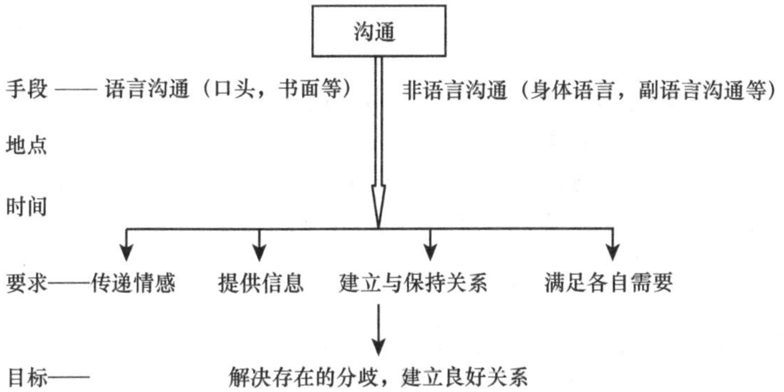

图 1-1　沟通的基本内容

知识链接

语言是交流的工具，是建立良好关系的一个重要载体。语言沟通就是要善于运用语言艺术，做到语言表达简洁明确，讲究提问的技巧，运用得体的称呼语，多用称赞与幽默的语言。而非语言沟通是指用语言以外的，即非语言符号系统进行的信息交流，一般包括视觉，即动作符号系统（包括面部表情、肢体语言、目光、眼神等方面）和副语言系统（包括说话的语气、语速、语调、沉默，以及书写格式、身体距离与标志符号等）。

有资料显示：在沟通信息的总效果中，面部表情和身体动作占 55%，音调占 38%，词语占 7%。

下面的一些建议与做法有助于实现沟通目的——有效解决分歧，建立良好关系。

● 理解万岁。彼此相互理解是解决分歧、建立良好关系的基础。在沟通中，沟通双方在理念、观点与想法等方面一定会存在这样或那样的分歧，唯有建立彼此的相互理解，才能得到一个满足双方利益，或起码双方都能接受的结果。理解多一点，达成的共识就会多一些，建立的关系就会深一些。

● 接受对方。被别人接受是人的基本心理需求。彼此接受对方是打开心扉、实现沟通的基本前提。只有彼此接受，认为值得与对方打交道，才愿意平心静气地听取对方的意见，接受并保留彼此的建议与权益，共同解决存在的分歧。接受对方的关键不仅仅是接受，更在于接受的程度。

知识链接

沟通就是为了“了解自己，了解别人”；“发现他人的需要，展现自己的需要”。

沟通就是实现——你好，我好，大家好。

● 成功的沟通并不意味着要彼此完全认同。在沟通中，既实现沟通目的，又彼此完全认同是最理想的目标。但有时为了维系好彼此的关系，沟通双方不一定要做到完全认同对方的观点或做法。在技能应用上，我们通常会刻意地采取模糊回应，以淡化对对方的冲击，维系好彼此的关系。例如，你的朋友带着炫耀的口气问你觉得他的新刺青如何？你尽管不太喜欢甚至反感，但也会隐晦地回答：“喔！很特别！”而不是诚实而清楚地回答“我认为有点怪异（或难看）。”

● 保持情感与理智的平衡。人是感性动物，都有着正常的喜怒哀乐，特别是在面对一些问题时，往往表现出感性因素（情感）多于理性（理智）。事实上，在沟通中，正常、恰当的情感是必不可少的，它是沟通的润滑剂与催化剂，可以实现认知与精神上的共融，发挥出意想不到的作用。理智可以让人更清晰地把握沟通的目的，以及应用好沟通技能。因此，在沟通过程中，必须保持情感与理智的某种平衡，让他们相得益彰。任何情感胜过理智（如生气、埋怨等）或者过于理智（如过于固守所谓的原则或要求）的做法，均不利于有效解决彼此分歧、建立良好关系。

【案例说明】

下面是一则摘自罗杰·费希尔《谈判力》一书中的例子。借此强调在交往中保持情感与理智之间的某种平衡关系，以及换位思考的重要性。

1970 年，一位美国律师就阿以冲突问题采访了当时的埃及总统纳赛尔。他问纳赛尔："你希望梅厄夫人（当时的以色列总理）怎么做？"

纳赛尔回答说："撤走！"

"撤走？"律师问道。

"是的，从阿拉伯国家的每一寸领土上撤走！"

"没有任何条件吗？从您这里什么也得不到？"律师问纳赛尔。

"什么也得不到！因为这是我们的领土，她必须承诺撤走。"纳赛尔答道。

律师又问："如果梅厄夫人明天早晨在以色列的广播和电视上宣布'我谨代表以色列人民在此承诺，撤出我们自 1967 年以来占领的每一寸领土——西奈半岛、加沙地带、约旦河西岸、耶路撒冷及戈兰高地，而且我希望全国人民知道我本人没有向阿拉伯人提出任何条件'，这会给她带来什么后果？"

纳赛尔不禁大笑道："那她在国内就该有大麻烦了！"

纳赛尔开始意识到，埃及给以色列提出了一个非常不现实的选择方案，因此他后来宣布接受停火。

● 正确处理好具体内容（如上面案例中提到的阿以冲突问题）与彼此关系（如印以两国关系）。沟通同时具有内容与关系两个向度。在生活中，我们常常将"关系"与具体内容混为一谈。例如，"我和老板关系很铁，他每年都给我加薪"。其实，具体内容的处理要的只是一个结果，而彼此的关系则靠贯穿于沟通过程的方式方法来维系。在沟通中，我们往往会出现急功近利的现象，这是因为我们过于追求具体内容的处理结果，而忽略了双方良好关系的维系。因此，我们必须平衡好这两者的关系，这要求我们既要着眼于具体内容的处理结果，更应注重沟通过程中的方式方法以维系好彼此的关系。从长远来说，维系好彼此的关系显得更为重要。正如俗话所说：生意不成人情在。

停下来想一想 ⟹ 要建立好的关系是否就要言听计从或总是做出让步？关系良好是否等同于价值观念就要相同？在小组中分享你的看法。

模拟情景练习 ⟹ 假如有一老人有入住养老机构的想法，你作为某养老机构人员，请运用上述的 5W2H，设计具体方案，使老人接受你的建议而入住。分组讨论确定具体方案后进行模拟展示。

沟通的要素、原则与影响因素

● **构成沟通的六个要素（图 1-2）**

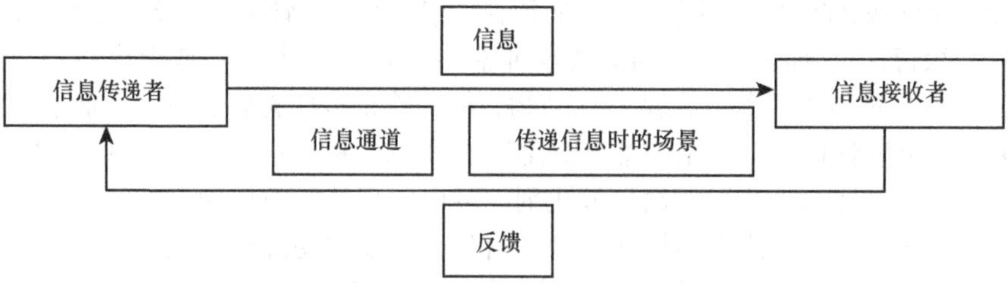

图 1-2 构成沟通的六要素

动动手查一查 ⟹ 根据沟通过程的六个要素，查找出每个要素包含的内容及要求，在小组中分享。

模拟情景练习 ⟹ 应用沟通六要素，试着以“通知全班同学实践课改在A栋3-1课室”为例，模拟如何进行有效传达（沟通），并写下你的体会。

根据沟通六要素，要实现沟通的有效性，必须正确认识以下几个方面。

○ 要充分认识到信息传递者在整个沟通环节中承担着最重要的角色，起到关键的引领、策划与组织作用；信息传递者必须掌握一定的沟通技能，并能对信息进行恰当的有效处理，具体包括信息的收集、评估、整理与分析，以及确定信息传递范围，以确保信息传递的易传递性与易接受性。

○ 信息传递者必须根据信息接收者的具体情况，考虑采取何种形式与场景进行传递，以保证传递信息的针对性、全面性、及时性与有效性，使传递的信息能够被信息接收者所接受与理解。

○ 信息接收者对传递过来的信息的理解程度，以及给予的反馈程度，对沟通效果有很大的影响。这就意味着信息接收者必须认真接收信息，并适时反馈自己的意见与态度。同时，要求信息传递者和接收者都要用心观察与理解对方所反馈回来的信息（包括非语音信息），并调整或改变相应的沟通策略。

○ 在整个信息传递过程中，确实存在因个体差异（包括个性、教育程度、社会地位、文化背景等）与外部因素的干扰（包括沟通的座位、沟通双方的距离及沟通的环境等）等因素的影响，这就要求沟通双方要选择好适合双方的沟通方式、时间、地点与环境等，以尽量保持传递过程的有效与顺畅。

● 影响有效沟通的因素

影响有效沟通的因素包括与信息有关的因素、信息传递者与接收者，以及沟通的时机与环境等（表1-1）。

表1-1　影响有效沟通的因素

与信息有关的因素	信息传递者	信息接收者	沟通的时机与环境
双方对信息的了解与认知程度	是否受过训练并做精心策划	对信息的理解程度	选择的时间与地点是否均适合双方
双方对信息的关注度	心理因素（如是否自信等）	心理因素（如以往的经历等）	环境（包括安静与舒适）
双方对信息的看法与反馈程度	个性特征（如是否真诚、耐心等）	个性特征（如是否有开放心态等）	彼此间的距离与采取的座位
双方对信息的期望值	身体因素	身体因素	个人隐私的保护

知识链接

一个会说话的人，不是记得别人说过话的人，而是能说些让人记得的话的人。

——曼斯菲尔德（美）

【案例说明】

下面是一则摘自韩少功《暗示》一书中的内容。借此强调环境对沟通的重要性。韩少功当时是最后一名留在生产队上没有回城的知识青年。他讲述了到大队党支部书记家里请求书记在他的招工推荐表上签字盖章的事：

“我相信书记并没有丧失他的阶级斗争觉悟，也仍然保留着以往对我的戒意，但这种戒意似乎只能在公共场合存在，而很难在他家里活跃起来。由大火、油灯、女人、姜茶、柴烟等组成的居家气氛，似乎锁定了一种家庭的亲切感……书记不得不微展笑容，不得不给我递茶，他的老婆也不得不给我拍打雪花……

"很久以后我才明白，人情常常产生于特定的场景。涉世较深的人，大多能体会出谈话的地点及场景的重要性。卧室里容易谈艳情，山水间容易谈命运，歌剧院里容易谈风雅，接待室里的会面呢，受制于那些整齐划一的座椅和谈话双方的遥远距离，不多出一些共事公办的原则，倒是不可理解的。场景就这样常常暗中规定和引导着话题。"

动动手查一查 ⟹ 为保证实现有效沟通，在沟通地点选择方面有哪些要求？如何安排合适的座位与彼此的距离？要采取哪些措施才能保护好个人隐私？找出来，作为作业提交。

在这些因素的影响下，常会导致信息在传递过程中，出现"沟通漏斗"现象（图 1-3）。

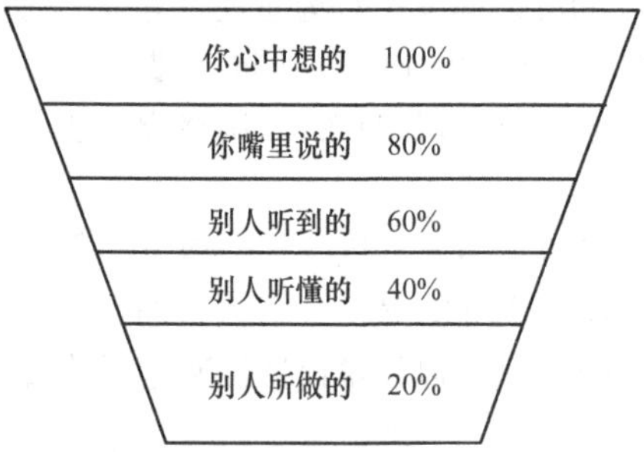

图 1-3 沟通的漏斗

信息在各层的相互传递中都会漏掉 20%。为何会这样呢？又该如何防患呢？

○ 你（传递者）心中所想的内容不等于你说出来的内容。大多数人的讲话都习惯于想到哪说到哪，这就容易遗漏一些信息。这提醒我们在传递重要信息前要记录好内容，并按照记录来进行传递，就像领导讲话前先列好提纲一样；同时，也存在有些话你不好意思自己说这一因素，如涉及自身的一些信息（如对自己的表扬或批评等）。这种情况建议通过其他人来传递。

○ 别人听到的不等于你所说的。这与传递过程中可能存在的干扰因素与听说双方是否专心致志，以及听者没有做好记录等方面有关。提醒我们对重要信息的传递，要寻找相对合适的环境与条件、能确保沟通双方可以一心一意聆听与表达的情况下进行；同时，也可以通过说者请听者复述信息要点来确认听者所获得信息的完整程度。

○ 别人听懂的不等于他听到的。这是个体差异（如知识水平、悟性、经历等）所造成；同时还存在听者不好意思承认不懂而装懂的因素。可以采取反问听者具体问题或同类问题的做法，来判断听者是否真懂。

○ 别人所做的不一定就是他听懂的。这跟个人的能力水平与执行力有关。因为说者传递的往往只是信息（可以是任务或命令），没有提供具体的做法，听者只能按照自己的理解来执行，这就可能存在理解偏差或不到位的情况。建议在传递具体信息的同时，可以提供一些具体的做法供其参考，并监督其执行过程。

知识链接

人与人相处的距离：人际距离是交往双方之间的距离。有人将人际距离分为四种：亲密距离，约 0.5 米以内，可感到对方的气味、呼吸甚至体温；朋友距离，为 0.5～1.2 米；社交距离，为 1.2～3.5 米；公众距离，为 3.5～7 米。

● 沟通必须遵循的一些原则（图 1-4）

这里不做赘述，希望通过"动动手查一查"环节来习得。

动动手查一查 ⟹ 就图 1-4 提出的沟通应遵循的原则，每组分别选择一个遵循原则进行讨论，用例子说明为何必须遵循这些原则，该如何实现？

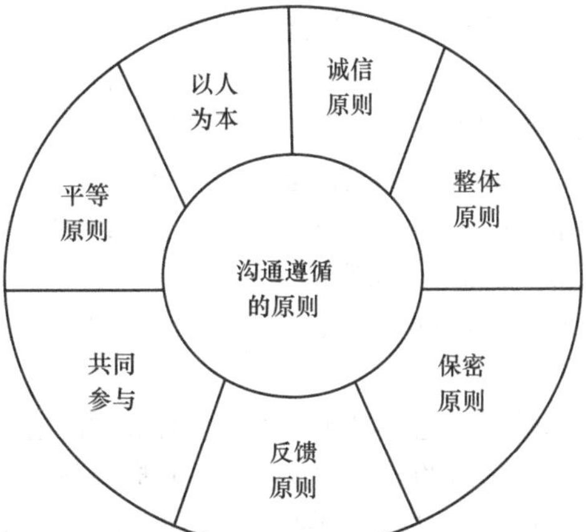

图 1-4　沟通必须遵循的原则

【案例说明】　**如此辞退**（借此说明沟通中遵循沟通原则的重要性）

林女士，45 岁，中级护理员，一直在养老机构工作。以下是她的故事：

"我经历了两次机构裁员。第一次是公司将所有被裁人员集中到会议室开会，在会上直接宣布裁员名单，并要求每个被裁人员立刻拿着自己的东西离开公司。我当时感到十分沮丧与无助。我的第二次被裁员，公司经理单独约我们每个人到他的办公室，先肯定我们对公司所做出的贡献，对公司因面临困境而暂时使我们失去工作表示歉意，并给他们每个人一个月的时间去寻找下一份工作和赠送印有公司 logo 的纪念品，最后还询问我们是否有需要公司帮助的困难，以及对公司的建议与意见（遵循了以人为本、共同参与、诚信、平等与保密原则）。这一次，我没有被裁员的感觉，反而感到十分欣慰，表示如果公司需要可以随时回来。

模拟情景练习 ⟹ 按以上案例的基本内容（可做改动），模拟其场景进行练习，练习后在小组中分享你的感受。

沟通技能的习得

有研究者提出：生物因素对人的沟通能力起决定性作用。也就是说，人的沟通能力在很大程度上由人自身的特质所决定。我们在日常生活中，确实看到一些有着特定人格特质的人（如亲和力较好的人），更容易被他人所接受并乐于与之交谈；而语言天赋比较差的人，常会表现出少言寡语或不善言辞。但更多的研究证明：沟通技能是每个人天生就有的，只是程度多寡的问题，而且完全可以通过后天来习得与提高。更何况，与人沟通不仅仅是语言上的沟通，还包括非语言沟通。通过上述学习，相信你也已感觉到，其实在生活中你已不知不觉地运用了一些沟通技能，就是说，你已具备了一定的基本沟通技能。因此，要想习得沟通技能，必须首先确认这一点，并表现出自信！这是初学者必须树立的理念与信心。至于为何还要学习，是为了通过系统的学习，来规范、提高、掌握并完善这与生俱来的能力，并通过应用这一能力来实现工作目标或目的。

为更好地了解你的沟通技能水平，可以就附录 1 提供的《沟通技能测试》题目进行测试。

沟通是一项实践性很强的技能。要想习得的第二点是必须进行实操训练，即将习得的理论知识与技能进行实践，多在实践中感悟与提高。通过上课前对资料的查找，课中的讨论与分享，实训和角色的演绎，来有效地应用并掌握这些技能，同时加深对理论知识的理解和运用。因此，在学习中，要做好以下方面。

● 做好课前准备。这一点十分重要。因为授课内容多，只是授之以渔，许多知识需要自己去查找与理解，因此，要求提前按书本或老师要求查找相关资料，并做一定思考与准备。

● 认真听课，当堂掌握主要知识点，并积极主动参与讨论与实训。听课时要求跟着老师的思维进行主动思考与应答；在每个实训前，认真体会实训的目的与要求，并按要求完成所需准备的工作；在实训中，多进行讨论、演绎与实践，并记录切身体会，以掌握每项实训的要点、需获得的信息和感悟，以及技能要点。课后要保质保量完成作业。

● 通过录音、录像或听取他人评价等形式，了解自身在实训中的不足或错误，并逐步提高与改进。

● 随时与老师就有关问题进行讨论，以获得正确、有效的沟通技能。

● 自觉地在日常生活中应用习得的知识与技能，不断提高与完善。

为此，必须改变传统的学习模式（即“你讲我听”的被动接收模式），向主动准备、积极参与、认真思考、提问与实训、感悟及总结模式转变，才能真正掌握这些沟通技能。

沟通是一项心与心之间的交流。在沟通过程中，必须事无巨细地破解影响沟通效果的因素，任何细小的问题都可能影响到沟通双方的心理，从而给沟通带来障碍。因此，为确保沟通工作有序、准确地进行，习得沟通技能的第三点就是要做好沟通前的准备工作（特别是初学者）。可以通过制订有效沟通工作明细表来现实（表 1-2）。

表 1-2　有效沟通工作明细表例

项目	内容
项目名称	动员老人参与春游活动
目的	尽可能动员更多的老人志愿参加
具体内容与要求	参与人员：确定人员范围，落实重要人员，是否需要接送等。要求：安全，志愿
	沟通地点：安全、就近、方便、舒适，是否要预定，位置的摆放等
	时间：开始的具体时间，需要的时间等。要求：不过于影响老人的生活，短而精
	设备与资料：音响、投影仪、空调等设备，相关资料（议程、活动介绍等），饮料，桌椅板凳，记录本等
	内部人员：需要参与的部门、人数，分工。要求：保持精气神，提前到位，检查细节，关注重点人物等
备注	流程，预案，监控，记录等

知识链接

八条有利于沟通的建议：一是专心、用心、虚心、耐心；二是多使用开放式问句；三是顺其自然别太刻意；四是承认自己存在不懂的地方；五是别先入为主，别与他人较真；六是不要过多重复；七是别纠结细节；八是认真倾听并讲话简明扼要。

其实，习得沟通技能与习得其他新技能（如网球、跳舞等）一样，均需要经历一定的过程。为让你更有信心和毅力来习得沟通技能，我们有必要一起来看看习得新技能需要经过的四个阶段。

一般需要经过意识觉醒期、笨拙期、熟练期与整合期四个阶段，每个时期的特点与心理状态见图 1-5。

在意识觉醒期，要注意尽快学习有关理论知识与技能要点，争取获得更多的体验与兴趣，为下一期打好基础；在笨拙期要认识到这是从生疏到熟练过程中必然经过的时期，要坚信坚持就是胜利；在熟练期则要求不但要多练习与感悟，更需要继续完善知识架构；到了整合期，关键是要对习得进行归纳与总结。

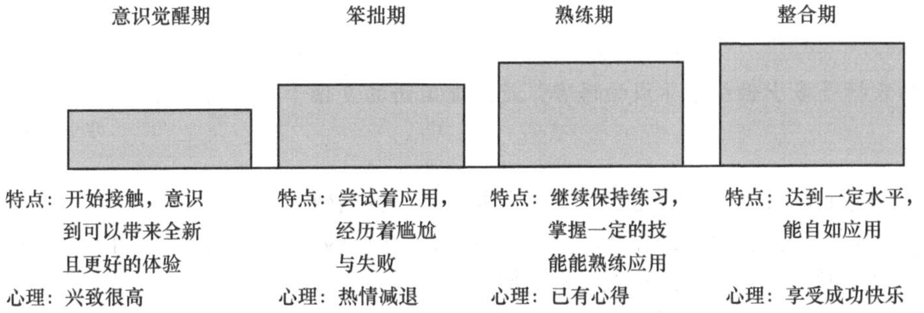

图 1-5　学习新技能的四个阶段

【案例说明】

说明学习新技能经历的过程。

你开始学打网球时，当你学到一种可以增加你发球力量和准确度的发球法时，觉醒就开始了，你就开始爱上了它；但想熟练驾驭这种发球法，总要经历笨拙期，唯有付出时间与精力去坚持练习才能成功；当你熟练后，依然必须将其运用在实战中，这时就要你去感悟与完善；到一定程度后，你就可以在不经意中发出好球了。

基本沟通技能

沟通的基本技能博大精深，涉及方方面面。同时，不同的沟通对象所采取的沟通技能与要求也会有所不同。老人的特殊性（后面章节会提及），决定了我们应用的基本沟通技能、策略、做法与要点应该更有针对性。因此，本文抛砖引玉，仅讲述与老人密切相关的主要沟通技能，其他技能借助后面参考书籍来习得。

● 语言沟通和非语言沟通

语言沟通是所有沟通形式中最常见、最直接的方式，具有直观、传递快、可即时反馈和反复商谈等优点；但由于受沟通双方个体素质与能力的影响而存在不太可控性、较难操作性与复杂性，容易出现沟通不愉快、不通畅或失控等情况。

知识链接

俗话说："到哪个山头唱哪种歌。"要实现语言沟通的有效性，有专家提出要根据沟通对象的不同采取不同的策略。

○ 根据不同对象的文化修养，使用不同的语言，做到雅俗有别。

○ 根据不同对象的兴趣爱好与习惯，寻找共同的话题，做到意境一致。

○ 根据不同对象的接受能力，运用不同的语言，做到难易分开。

○ 根据不同对象的性格、气质特点与实际情况，运用不同的语言，做到个性化。

○ 根据对象的性别、年龄与亲疏关系的不同，运用不同的语言，做到有理有节。

○ 根据对象人数的多少，确定采取合适的方法，做到全面兼顾。

语言沟通的黄金搭档是非语言沟通。两者相互配合，可以相得益彰、事半功倍；否则，会变成事倍功半。

非语言沟通技能具体可包括身体动作、表情和身体的距离等方面。它同样具有很强的沟通价值。其中身体动作是语言沟通的黄金搭档，表情是心理变化的晴雨表，身体距离是关系亲密程度的度量尺。

知识链接

面部的表情是多少世纪培养成的语言，是比嘴里讲的复杂千百倍的语言。

——罗曼·罗兰（法）

下面的一些非语言沟通建议与技能要点有助于提高沟通效果。

○ 会心的微笑是表达心灵美的最好办法。给人一张笑脸可以传递快乐、自信、幸福或者更多语言所无法描述的信息内容，让别人乐于与你接触。

○ 眼神是所有肢体语言中最生动、最复杂、最微妙，也是最有表现力的。沟通时，眼睛里要充满着热情与真诚的信息，恰当地利用眼神交流，能让对方感到被欢迎与尊重，也会觉得你是一个可以信赖的人，更愿意跟你沟通。

○ 沟通中，注意对方细微的面部表情，可以在一定程度上判断对方的情绪变化，以及传递过来信息的可信度。

○ 头部姿势、站姿、坐姿与手势均能在一定程度上透露出一个人的态度与情绪。在沟通中，伴随着对方的讲话认真地、有节奏地点头，可以传递“我正在注意倾听你的讲话”的信息。若仅是机械性地频频点头，只能表示形式上的敬意与礼貌，但会给对方一种你对讲话内容不感兴趣的感觉。

○ 身体距离能表明一个人对对方的接纳程度。沟通时，保持得当的身体距离十分重要。

为更好地了解非语言沟通技能，以及评价你在这方面的水平，可以就附录 2 提供的《非语言沟通能力测试》题目进行测试。

语言信息可以经过精心策划。而很多非语言信息在很大程度上是不自主地显现出来的，其可控性较小；它既带有普遍性，即一些肢体动作基本上能体现出大多数人的情感与态度，如人们身体不适时，脸上都会不自觉地显现出痛苦神情等；但又具有根深蒂固的个体特征，如有些人在紧张时会咬手指，而有些人则表现出跺脚等（语言沟通和非语言沟通两者间的比较见表 1-3）。

表 1-3 语言沟通与非语言沟通的比较

	语言沟通	非语言沟通
复杂性	一个向度（只有字词），但内涵丰富	多个向度（声音、姿势、距离等）
流畅性	间歇性的（说话与沉默交替出现）	连续不断的（不自主的，可传递一些沟通信息）
清晰性	基本清晰	模糊难辨
冲击性	当语言与非语言信息不一致时冲击较少	当语言与非语言信息不一致时冲击较大
意图性	可以做到深思熟虑	经常是不经意流露
可控性	容易，但自身的掌控较难	较难

因此，在沟通过程中，我们不但要特别注意非语言信息的普遍性与个性化问题，还要注意语言信息有时可能会与非语言信息相矛盾，给人“口是心非”的感觉。提醒我们在与老人沟通的过程中，必须做到真情实意，实现语言信息与非语言信息的一致性，千万别投机取巧而弄巧成拙（老人具有丰富的社会经验与阅历）。同时，必须全面考虑影响有效沟通的因素，以及老人的特点。具体来说，要把握以下基本要求：建立良好关系，尊敬友善，排除干扰，找准个性化话题，简洁易懂，具体有序，总结确认。其中，个性化与确认沟通内容是重点。

停下来想一想 ⟹ 要给人以良好的第一印象必须注意哪些方面？该如何做才合适？在小组中分享。

动动手查一查 ⟹ 各小组选择以上沟通基本要求中的一项，分组进行查找、讨论与归纳，选派成员进行陈述。

模拟情景练习 ⟹ 分组就“我知道你会跳舞”这句话进行讲述，讲述时将重音位置选择在不同的字节上，看看是否存在多种不同的意思。从中体会出非语言沟通中语气、语调的作用（如我知道你会跳舞，我知道你会跳舞等）。

知识链接

人的嘴巴会说谎，但伴随的表情能泄密真相。

——弗里德里希·尼采（德）

下面是日本管理顾问武田哲男提出的几种常见的、能反映特定个性与行为模式的习惯动作，供参考。

○ 喜欢眨眼：这种人心胸狭隘，不太能够信任。策略：有事说事，直截了当。

○ 习惯盯着别人看：代表警戒心很强，不容易表露内心情感。策略：避免过度热情或开玩笑。

○ 喜欢提高音量说话：多半是自我主义者，对自己很有信心。策略：如果你认为自己不适合奉承别人，最好对这种人敬而远之。

○ 穿着不拘小节：代表个性随和，当面对人情压力时容易屈服。策略：平时多套交情，建立友谊。

○ 边说话边摸下巴：通常个性谨慎，警戒心强。策略：要知彼知己，做好预案。

○ 将双手环抱在胸前：做事非常谨慎，行动力强，坚持己见。策略：要知彼知己，精心谋划，采取针对性的沟通策略。

——武田哲男（日　管理顾问）

● **聆听（或倾听）**

相信大家都有这样的体会，对能认真听我们说话的人会表现出好感，也会因此对他们多一份接纳与理解；反过来，如果我们能做到认真聆听，不仅容易与说话者建立好关系，更会因此而收到对方更多的正面回应或诉求。说是表达，目的是让对方接受与理解；听是态度与理解，是体现对对方的尊重以及考量对方接受与理解的程度。我国的老话“说三分，听七分”，说明听是最有力的沟通技能之一。只说不听，难以建立沟通关系，难以获得对方的信息，难以形成沟通反馈环节，更难以将话题深入。难怪有人说：不能很好地将信息传递给对方的真正原因不在于“说话的技巧”，而在于“聆听的技巧”。

因此，只有听说并行（而且听还应该是聆听），才可能实现有效沟通。读到这里，如果你是那种不擅长说话的人，是否对学习沟通技能更有信心了？因为你可以先从认真听（聆听）开始。

老人的特殊性，更凸显聆听在与老人沟通过程中的重要价值。

停下来想一想 ⟹ 学习到现在，你是否有一种感觉，无论你运用何种沟通技能，都离不开听与说，而且两者的关系是相辅相乘的。你肯定有过与老人沟通的经历，在小组中分享一次你与老人成功沟通的感受。

知识链接

造物者给了我们两个耳朵，一张嘴。因此，我们应该按照这个比例来使用。

人类语言交际活动中，听、说、读、写分别占用的实际时间是45%、30%、16%、9%。

——Wilga M. Rivers（美）

在学习聆听有关知识之前，我们来测试一下你作为聆听者，属于哪种水平。

○ 在对方说话时，你是否正在准备自己想说的内容？或者会通过一定的方式表达出对对方的讲话内容感兴趣？

○ 在对方结束说话之前，你是否喜欢插话、打断对方的思路？

○ 当对方告诉你自己的一些烦恼或纠结时，你是否喜欢出主意？

○ 如对方喋喋不休说得时间过长时，你是否会表现出不耐烦？

○ 在沟通中，让对方理解你的观点和你理解对方的观点哪个更重要？

如果你还想更详细地了解你的倾听技能水平，可以就附录 3 提供的《倾听技能自我测试》题目进行测试。

停下来想一想 ⟹ 通过测试，你处于何种聆听水平？为什么？想想该如何改善？

这里还要特别强调，听与聆听绝对不是一回事。

这一点从古汉语中听的写法“聽”就可看出。从字面分析，首先是偏旁中的“耳”，指的是语言中的信息（包括具体信息本身，以及信息传递中的语速、语气、语调等细微变化）要通过耳朵来获取；“耳”下面有个“王”，指的是要以对方为主，密切关注对方；偏旁+部首指的是仅有耳朵听是不够的，还需要全身上下左右的联动，共同来获取并解读对方的信息；其次在部首右边，有个“四”，这是“目”的异体写法，代表着眼睛，指的是在听的过程中，要用眼睛与对方交流，用眼睛来观察；“四”下面的“一”“心”指的是要一心一意地听，用心去体察对方的真实意图。这样的聽才是真正意义上的聆听。

从人际沟通的角度来说，聆听是解读别人所想表达信息的过程。

从生理学的角度来看，听是声波传到耳膜引起震动后经听觉神经传送到大脑的过程；而聆听不仅包括这个过程，还包括大脑将这些电化学冲动重构为原始声音的再现，再赋予其意义的过程（听与聆听的区别见表 1-4）。

因此，有人提出，聆听应该包括以下五个元素：听到、专注、理解、回应与记忆。可见，聆听不只是礼貌的注视与频繁的点头，它应该包含着更多的内容。

停下来想一想 ⟹ 与老人沟通中，如何做到让老人听清楚？如何判断老人已听清楚？在小组中分享，并形成小组总结要点，选派代表进行分享。

表 1-4　听与聆听的区别

类别	听	聆听
性质	听是一种行为，是一种与生俱来的生理反应	聆听是一种技术与能力，是心智与情感控制的技术反应，是通过学习而获得的反应、解释、翻译能力
内容	语言等有限信息	包括语言、非语言信息等
方式	同时接受不同声音	合理筛选，接受有意义的信息
过程	主要是被动接受信息	主动接受、分析、解释、翻译信息
目的	收集信息，了解别人	发现问题、解决问题、创造价值

聆听同样需要遵循一定的原则：

○ 专注性原则：这是首要原则。因为聆听是专注地、用心地听。只有专注和用心，才能准确获取并记住对方的信息，才能理解对方所讲的内容与感受，才能为接下来的沟通策略提供针对性的素材。“我还没说完，他就……”这是我们在沟通中经常感到郁闷的事。同时，专注性也是体现尊重对方的最基本原则。

○ 有效性原则：为实现沟通目的，必须保证聆听的有效性。通过认真聆听，不但可以让对方感觉到你的尊重与重视，从而获得对方的信任与好感；而且还可获取你想听到的内容、听出事先没有考虑到的问题，以及真正听到和记住对方所说的有效内容。

○ 反应性原则：是指在沟通中必须对对方的信息做出反应。积极、适度、有效的反应可起到传达自身态度，鼓励和引导对方述说，全面了解对方意图，以及确认信息内容的作用。

史蒂芬·柯维博士认为倾听（聆听）主要有五种层次（表 1-5）。

表 1-5　倾听的五种层次

倾听层次	要点	内容
第一层次	听而不闻	心不在焉，将对方的话当成耳边风
第二层次	假装在听	可能会用身体语言假装在听，或嘴里简单的"嗯……喔……好好……"作为回应
第三层次	选择性地听	确实在听，也能了解对方，但沉迷于自己喜欢的话题，只留心听自己有兴趣的部分，与自己意见不同的一概过滤
第四层次	专注地倾听	能够全心全意凝神倾听，但始终从自己角度出发，即使每句话都入脑，但是否能听出对方的本意与真意值得怀疑
第五层次	运用同理心倾听	能够设身处地倾听，能撇开自我，进入对方的角度与心灵

停下来想一想 ⟹ 根据上面倾听的五个层次，好好体会一下你平时与人沟通时多数属于哪个层次？

聆听还包括其他的一些技能，主要包括以下几个方面。

□ 沉默与附和：沉默就是静静地、专心地聆听，可以让对方专心地述说。正确处理好沉默是成为善于聆听的人最为关键的一步。在现实中，大多数人都有"沉默恐惧症"，即害怕对话中止，特别是讲话者突然中止谈话时，我们总会想"他为何不讲了，我在哪里出错了？""该怎么办呢？"这时，最普遍的做法是你又开始滔滔不绝地讲。其实，这是错误的。此时此刻，你要做的是"三秒钟的忍耐"，耐心等待对方继续讲话。因为，在一般情况下，人们沉默不一定是在思考接下来该讲些什么（特别是话少的人），更多的是在思考该怎么讲（特别是面对重要问题时），如果这时你又讲了，就会打断对方的思考，会影响到对方继续讲话的心境。可见，把沉默当成朋友，处理好沉默就是"此时无声胜有声"。

附和就是对对方的语言或肢体动作（包括站姿、坐姿、四肢动作与目光方向及声音等）做出一定回应，以及使用如"然后呢？""是这样子的吗？"等语言，可实现彼此拥有"同感区域"，达到让对方感受到你的关注并诱导对方愿意吐露心声的目的。神经语言程序学（neuro-linguistic programming，NLP）多次强调一个引用于马术术语中的词语——"同侧移步"，指的是沟通中要尽量保持与对方肢体动作的一致性。因为，"同侧移步"可以让彼此找到更多共同点而逐渐接受彼此。具体来说，就是与对方做同样的动作（如保持与对方的视线在同一个方向，对方喝水时你也跟着喝水等），本章后面的实操训练会让你改变如我初次接触这个内容时不太相信这种做法的心理。这里要特别提醒的是，要注意根据对方的身份（如你是年轻人，对方是老人；你是男性，对方是女性等）做相应调整；同时，要注意分寸，切忌机械性模仿（如一直跟着对方的动作），避免出现异样或让对方反感。

□ 重复与确认：是指在聆听的基础上，对对方述说的内容进行再整理并按照一定的逻辑思维进行复述；使用如"您是说……对吗？""原来这个事是……的"等语言。这可达到融洽气氛与确定信息内容的目的。这里要特别提醒的是，必须站在对方的角度并体会出对方讲话的真实意图后再进行复述，不然会出现适得其反的效果。打个比方，老人："昨天，我们一家去郊外农家乐玩了。"护理员："哦！您家小孙子还这么小，带上他一定很辛苦吧。"老人："不会，这是他第一次郊游，他很开心！我一直陪他摘草莓，搞得我都不能钓鱼了。”护理员：“是啊。带着小孩出去玩，一点儿也不好玩。”你觉得护理员的应答是否符合老人想表达的意思？答案是否定的，老人想表达的不是可惜他不能钓鱼，而是强调小孙子玩得很开心。其实，护理员的这种应答与许多人一样，都是基于自己过去的生活体验，而非站在老人的角度去思考。重复与确认这一技能在与老人沟通中十分重要，特别是在对比较重要事情的确认上。例如，“爷爷，您今天真的已经吃药了，是吗？”

□ 支持与同感：这是共情的一种形式。可使用如“您好像很为难是吗？”（积极反应），“我姥姥也有这种经历，确实很难过。”（积极认同），“您还希望我为您做些什么吗？”（积极支持）和“我们一起来想办法，好吗?”（积极互动）等语言。主要是让对方感受到你的支持与抚慰。共情的内容在后面有更详细的讲述。

下面的一些具体建议与要点有利于把聆听做得更好。

○ 倾听时必须表现出兴趣与真诚（通过使用包括专心倾听、直视对方、做出回应、共情等语言和非语言技能来体现）。

○ 摆脱以自我为心中、过于关注自我观点的思想，要时刻把对方当做主角。

○ 先入为主，过早做出评判，以及急于表达自己的观点不利于有效聆听。

○ 在关注信息内容的同时，还要关注信息传递者及其传递方式。在准备倾听前，有必要检查一下在自己的潜意识里是否对信息传递者存有偏见。

○ 少说话，多聆听并与对方进行肢体“同侧移步”，将有助于实现聆听效果。

○ 避免注意力分散，可以让你从内到外免受干扰而专注于聆听。

○ 创造良好的沟通环境将更有利于达到聆听效果。

○ 积极寻找彼此的共同点或对方的中心话题是实现有效聆听的较好途径。

模拟情景练习 ⟹ 以“最烦恼的一件事”为题进行模拟情景练习，适当运用沉默与附和、重复与确认、支持与同感，练习后分享彼此的感受，并做改进。

● 提问

提问作为语言活动的一种形式，既是一种思维活动，又是一种有效的学习方式与认知发展的有效途径。它是用于与人沟通，以达到某个目标而设置的问题。得当的提问可以让沟通双方实现更全面、更细致的了解并达成共识。

知识链接

我现在每天以提问为主，实际上人生本身就是一场问答。

——杨澜（中国）

常见的提问有以下几种类型：

○ 开放性提问与闭合性提问

□ 开放性提问又称非限制性提问。这种提问就像一个问题范围广泛的作文题，可以让对方给予非常灵活、不受限制的回答。它利于开阔应答者的思路。例如，“爷爷！您认为这台节目怎么样？”这类问题可以引申谈话的内容，鼓励对方说出自己的观点、意见、想法和感受，从而了解对方的知识、信仰、态度与感受等。特别适用于广泛收集对方信息资料，以及促进彼此间更深入的了解。

□ 闭合性提问又称限制性提问，是一种将应答限制在特定范围之内的提问。例如，“您每天抽多少根烟？”“您的胸痛在哪个部位？”这种应答的选择性很小，有时甚至只能给予肯定或否定的回答，如“您今天吃药了吗？”特别适用于初次见面时打开拘束局面与收集针对性较强的信息。两者之间的比较见表 1-6。

表 1-6　开放性提问与闭合性提问的比较

	开放性提问	闭合性提问
使用场合	常用于了解对方的知识、信仰、态度与感受等，特别适应于心理状态评估	常用于与对方的初次接触，特别适用于资料的收集以及获取准确信息
主要优点	应答者有较多的自主权，可以选择应答的方式与内容，利于打开心扉，表达真实情感与想法	应答者能直接做出应答。提问者可以迅速获得准确信息，时间效率高
主要缺点	较难把握沟通节奏，沟通时间较长	问题比较死板，应答者处于被动角色，缺乏主动性，获得的信息量局限

○ 引导性提问与启发性提问

□ 引导性提问就是给提问设立一个范围，让应答者自觉或不自觉地按提问者的思路进行应答。往往以虚拟语句或反意问句提问。例如，“奶奶！如果您吃得清淡一些，对您的血压是否会好一些?”“您不认为多运动更有利于您的健康吗？”对这种提问要十分慎重，特别是应用反意问句时，因为如果处理不好，将可能掩盖应答者的真实想法，无法发现真正的问题。例如，“爷爷！您不觉得多穿件衣服更有利于健康吗？”

□ 启发性提问是通过提问来引起应答者的思考，从而让对方意识到某些道理的提问方式。它注重人的主体性能动与发挥，可以激发应答者的思维能动性并对应答产生兴趣。特别适应于提高沟通对象所需要掌握的知识、观念等方面的学习与教育。这种方式可以采用声东击西、借古喻今、欲擒故纵等方法。例如，“中医中有怒伤肝的说法，您是否相信？”（提示不要轻易动怒）“爷爷！您是家里的顶梁柱，您忘记咱们这次住院的目的是什么啦？”（暗示要配合治疗）“……刚才说了许多运动有利于健康的事，您觉得该怎样运动好一些？”（强调要进行一定的运动）、“叔叔！您常跟我说一些关公的事，关公刮骨疗伤的事您肯定也不陌生，您说这个治疗该怎么办？”（激发治疗的信心）。

○ 追问性提问与重点性提问

□ 追问性提问是一种接着应答者的陈述进行的追问。它有利于扩大线索，了解问题的根本原因与性质，还能挖掘出潜在的问题或危险所在。如当老人不想吃饭时，可以进一步追问：“您能告诉我为什么不想吃饭吗？”如果老人说没胃口，进一步追问：“是哪不舒服呢？”如果说胃不舒服，接着问：“是胃痛？还是什么感觉？”这样追问下去，直到问清来龙去脉。

□ 重点性提问是指对一个特定信息区域的提问，是对重要或重点问题继续追问以获得一些具体信息或数据的提问。也可以理解为是闭合性提问的延伸。因此，其答案远比“是”或“不是”的内容要多得多。例如，“爷爷！您能跟我谈谈您没胃口的一些情况吗？”“是什么时候开始的？”“与什么因素有关呢？”（没胃口与心理、饮食、疾病等有关）。

以上提问都涉及沟通双方内心世界的约哈里之窗（图 1-6）。有研究者根据相关理论将沟通双方的内心世界分为四个区域：开放区、盲目区、隐秘区和未知区。要求沟通双方开展建立在任务、信任基础上的提问与交流，来扩大彼此间的开放区，缩小盲目区和隐秘区，揭明未知区，从而增进了解，实现沟通目的。

图 1-6　被沟通者自我意识发现的约哈里之窗

动动手查一查 ⟹ 还有哪些提问方式，一起找出来，在小组中分享。

提问的形式与要求还有很多，下面的一些建议与要点有利于提高提问水平，以及与老人沟通时的提问效果。

□ 提问的技术、数量与内容。建议以封闭性提问开始，适当使用开放性提问，慎用诱导性提问。用封闭性提问开始，通过直接、简单的应答，来缓解彼此间紧张、拘束的交谈氛围。如，“爷爷！您是做什么工作的？”“您是哪里人？”通过这样的几次交谈，既可以初步了解老人的一些基本情况、社会背景等，又使双方关系逐渐融洽；在这种氛围下，为了获取更多的信息，可以适当提出一些开放性问题，如“爷爷！原来您是从事教育工作的，对教育肯定有很多习得体会吧，能给我说说吗？”但要慎用诱导性问题，以免老人摸不到头脑，如“爷爷！您说您当过警察，对吗？”（老人会考虑你提这一问题的目的）；在数量与内容上，要紧紧围绕沟通目的，紧扣沟通内容层层深入；同时，要考虑老人的知识水平与身体状况，问题宜少而精，一次提一个问题。

□ 提问时机。提问的时机很重要，及时的提问有利于问题的及时发现与解决。一般应在沟通双方充分表达的基础上提出新的问题。同时，要善于识别老人沟通中流露出来的真实的情感与表面的情绪，通常只对前者进行提问。

□ 提问节奏与语气。提问时语言要通俗易懂，说话不能太急，节奏不宜太快，语气必须缓和与亲切，特别是使用追问性提问时。说话太急、节奏太快，会让人听不清楚或跟不上，还会给人产生咄咄逼人的负效应；在与老人沟通时要注意禁止使用盘问式（特别是边问边记）、命令式等提问。

【案例说明】　　采访老人（借此加强对提问的理解与应用）

李锐是广东电视台的一名记者。在刚开始从事记者工作时，曾采访过一名台湾到大陆寻亲的老人。因了解到他的老家在广东，所以在采访中李锐连续提问：“您的家乡是在广东吗？”“您本次打算回老家看看吗？”“您在老家还有亲戚吗？”（都是闭合性提问）面对这一连串提问，老人只能简单地回答“是”或“不是”，“有”或“没有”。现场氛围显得拘束，无法打开话题。情急之下，李锐转换了提问方式，“您在广东还有哪些亲戚呢？”（开放性提问）这样，老人滔滔不绝地谈了起来。当老人谈到家乡时，李锐又问：“您对家乡最难忘的印象是什么？”（引导性提问）“您也许已通过网络或其他人了解过家乡现在的具体情况了，现在的家乡还是您印象中的家乡吗？”（启发性提问，暗喻家乡发生了变化）当老人说到当时离家的情景时，李锐追问：“您当年离家时家乡的情况是怎样的？”（追问性提问）“听说您当年离家时还带着家乡的麦种呢？”（重点性提问）……

● 共情

共情是一种对他人情绪状态的感同身受、认知理解与协调行为能力的反应。共情由情感共情、认知共情和行为共情三个要素构成。一般分为初级共情和高级共情两类。

初级共情主要表现为情感共情，未能体现认知共情与行为共情，属较低级的共情状态。初级共情主要是通过聆听技能，重在了解沟通对象内心体验与想法并对沟通对象的表述做出反应。以此实现了解和理解沟通对象的想法与心情，让彼此间的内心活动基本一致，使自身的言行举止贴合沟通对象，并容易被其接受的目的。

高级共情不仅体现在情感共情，还表现出相当水平的认知共情与行为共情。高级共情不仅要应用聆听等沟通技能，还强调应用心理学、社会学等理论与手段积极呈现出沟通对象“心中所有，意识所无”的内心世界。要求对沟通对象的述说做出反应，而且还能对那些隐含的、未完成的表达做出准确的反应；然后，合理使用自我表露、提问与说服等技能，对沟通对象“动之以情、晓之以理、导之以行”。

高级共情可以通过以下十大步骤来实现（表 1-7）。

表 1-7　共情的十大步骤

步骤	主要内容
强化双方意识	提醒自己适当使用共情，引导对方体验“铜像反应”，提高共情意识与态度
扩展自我体验	通过角色扮演、角色体验等练习来觉察自我情感反应，学习自我清晰的照顾与调适，在非真实的场景下也能与沟通对象共现一份情感和体验
明确角色功能	学会在各种场景下，既能明确自身的角色定位，又能设身处地理解沟通对象的情感与处境，共同解决存在的问题
认同终极价值	学会尊重与理解沟通对象的价值观与目的，形成终极价值或目标的一致性
文化尊重交融	是认知共情的基础。实现彼此的文化尊重，争取达到文化交融
积极感受聆听	是情感共情与认知共情的重要条件。通过聆听来实现与对方感同身受
主动换位思考	通过换位思考，尽可能排除自己的知识经验、价值观、人格特点等干扰，用关切、体察的态度去接触沟通对象的内心世界，从他的角度看问题
敏锐判断分析	用自己的专业知识，对事实内容做出敏锐、准确的判断与决策
正确及时回应	以理解与接纳的态度回应并确认对方的感受，最大限度地降低其不良感受
引发感悟成长	通过共情，提高自我分析、自我感悟、自我认知与自我成长的能力

可见，共情是以投入的聆听为前提，以设身处地的理解与敏锐的思考为中介，以准确地表达出自己潜意识的理解为核心，以引发沟通对象的思考与彼此的成长为结果。老人的特殊性决定了共情在有效沟通中的地位与作用，通过共情为与老人有效沟通奠定基础与平台，建立起密切的关系；还能有效缓解老人的焦虑与紧张情绪。

作为沟通者，下面的一些建议与要点有利于提高共情水平。

○ 必须从被沟通者的角度看待被沟通者及其存在的问题。

○ 共情的基础不是有与被沟通者相似的经历与感受，而是能设身处地地理解被沟通者及其问题。

○ 共情的表达不能一视同仁，而要因人、因事、因时而异，视情而定。

○ 共情的表达应把握时机，共情要适度，才能恰到好处。

○ 共情的表达要善于实现沟通双方的角色转换。

○ 共情的表达要善于应用躯体语言，注重姿势、目光、声音、语调等表达。

○ 共情的表达应考虑被沟通者的性别、年龄、文化习俗等特征。

○ 学习共情还需要通过实践来不断验证是否实现以及适度，得到反馈后及时修正。

【案例说明】　下面的一番对话，展示共情的知识与应用技能

护理员：“张奶奶好！您每天风雨无阻地坚持锻炼，真让人钦佩！您的身体真的越来越好了，最近血压控制得不错吧？”（引入，建立关系）

张奶奶：“是啊！最近血压控制得很好。没办法，血压一高就头晕脑涨，还容易出事。现在啊，每天锻炼和控制饮食成为我必须做好的功课了。”

护理员：“奶奶，您是我们这里血压控制得最好的，我们都要向您学习！听说，您最近吃得很少，能给我说说，您是怎样安排饮食的吗？”（引出问题）

张奶奶：“是你教得好，要我们迈开腿、管住嘴。我现在啊，胆固醇高的、肥的东西基本不吃，每餐五分饱，以青菜为主，这是因为……”

护理员坐在老人旁边认真地听，适时点头或附和。（以上是情感共情，下面展示的是认知共情与行为共情。）

护理员：“奶奶，您这样吃不觉得饿吗？”

张奶奶：“是有点饿，但没办法，必须这样。”

护理员：“奶奶，控制饮食是对的，但不是您这样的做法，您还记得上次那个讲座提到的饮食要均衡吗？您们老年人也需要营养的。”

张奶奶：“我现在把血压控制下来是最主要的，再说，我现在除了觉得饿之外感觉很好。”

护理员：“奶奶，我今天专门给您带来一张医生推荐的高血压老人的食谱，您看，这里面有鱼、肉、豆类……只有这样，饮食才会均衡，才有足够的营养物质来维持身体的动力与免疫力，也可以避免出现上次刘奶奶因低血糖而晕倒的事情。同时，……”

张奶奶：“我看看（接过食谱，仔细地看了又看，护理员静静地陪着）。这样啊！就是说，我今后既能做到控制好血压，也能解解馋，不再受饿了。”

护理员：“是的，健康的四大基石您还记得的吗？饮食均衡与运动同样重要！这样吧，为了让您更放心，我请我们的营养师为您设置适合您的每天食谱，好不好？”

张奶奶：“太好了！谢谢你了，我今后可以吃饱了！”

知识链接

历经40年的47个研究结果的meta分析报告结果：来访者感受到的被接受程度与心理治疗的效果相关程度是最高的。其中，有四个因素起调节作用：共情影响下的咨询关系、共情影响下来访者的情感矫正、共情影响下的认知和情感过程、共情影响下来访者自我治疗与积极性。

——Leslie S. Greenberg（美）

● **抚摸（在其他年龄段可表述为触碰）**

每个人都有一种本能的、被抚摸（触碰）的需要。抚摸是指用手在肢体上轻轻地按着，来回移动；触碰是指手或肢体的其他部位之间的轻轻接触。抚摸是一种强有力的、表达某些强烈情感的非语言沟通方式，可以传递许多信息。但因其突破个人的亲密距离（>0.5米），故应用时要十分慎重，不然，可能会给人带来不适，故仅应用于特殊人群（如老人、亲人、婴幼儿等）或特别场合（如一个人需要安慰时等）。对老人恰当运用抚摸可收到意想不到的效果。它可向老人传达关心与共情，产生心理安抚的作用。但其使用时机要根据情景和需求而定（后面的章节将有提及）。

大家可能还对下面这一事件有一定印象：在贝拉克·侯赛因·奥巴马当选为美国总统后，美国第一夫人米歇尔·奥巴马在一次与英国女王伊丽莎白二世会面时揽了一下伊丽莎白二世而备受指责（注：英国王室禁止他人触碰女王）。这是慎用触碰的反面例子。也提醒我们必须注重沟通对象的文化差异问题（后面的章节有专门讲述）。

一些国外有趣的研究证实：医生在开处方时给予患者一个轻微的触碰，可以提高患者对服用药物的依从性。老师在上课时，在学生的背部或手臂上带有鼓励性质的触碰，可使学生主动发言的可能性增加1倍。

停下来想一想 ⟹ 好好回忆一下，小时候，在你受到惊吓、委屈或情绪激动的时候，师长或长辈和蔼地抚摸你的头或小手，那时的感觉如何？
你有过安慰朋友或弟弟妹妹的经历吗？你是怎么做的？
你有过某个人企图超越彼此亲密距离时的经历吗？有何感觉？
在小组中分享你的感受和做法。

知识链接

今天我们只需要简简单单地碰碰别人的前臂，肢体接触的接受者就能够区别出感恩、怜悯和爱。

——达契尔·克特纳（美）

动动手查一查 ⟹ 沟通基本技能博大精深，涉及面很广，还有许多细节需要学习。一起找出来，在小组中分享并练习。

【实操训练】

实训一　信息的获取与传递

目标——

提升获取与传递信息的能力，提高这方面的敏锐度。

要求——

相对独立、安静的课室。

纸、笔、案例资料、记录表。

案例：李老拟于6月21日（星期五）下午3时回到贴心养老院，但因其他原因，考虑将回养老院的时间改为6月24日（星期一）上午11时，遂打电话给养老院联系人张小姐，请她告知司机，于6月24日上午10时到居住地（美好公寓11栋楼下）接他，再一起到经贸大厦拿行李后回养老院。如有问题，可致电其妻子洪阿姨，电话：×××××××××××。

实训说明——

1. 时间安排（表1-8）

表1-8　时间安排

活动内容	预计时间
活动介绍	5分钟
分组并按要求开展活动	25分钟
小组总结并分享	10分钟

2. 实训规则

第一步：将各自然组分为两个小组（A与B），A组成员留在课室里面，每个人用下面提供的记录表，记录进入课室实训的B组的每个成员的信息传递情况（在信息传递正确的词语上打√，错的打×）；B组成员按顺序依次进入课室进行实训。

第二步：由A组一名成员向第一位进入课室的B组成员按正常语速清晰朗读提供的案例信息，并强调：我将只读一次案例信息，要仔细听并记住，不能提任何问题与做记录，然后将听到的信息传递给下一位成员。

第三步：B组成员依次单独进入课室，接受信息后，讲述信息内容，A组成员逐一记录。如此逐一往下传递信息，直到B组成员全部完成讲述。

第四步：按以上规则调换A、B角色（案例中的关键信息做改动），全部成员完成后，公布记录成绩；集中讨论，如何做到有效获取与传递信息。

3. 可以设置其他类似案例进行反复练习。

【实操拓展】（自由选择）

在完成以上实训后，可以加大难度，将影响因素加上去进行实训，如传递环境的变化（如嘈杂、人来人往等）；又如，模拟信息传递者或接收者在语言或听力方面存在一定问题等，以体会影响因素的重要性，以及应用有效排除影响因素的技能（表1-9）。

表1-9　记录表

姓名	正确数量														
信息/成员	1	2	3	4	5	6	7	8	9	10	11	12	13	14	15
李老															

续表

姓名	正确数量														
信息/成员	1	2	3	4	5	6	7	8	9	10	11	12	13	14	15
6月21日（星期五）															
下午3时															
贴心养老院															
6月24日（星期一）															
上午11时															
张小姐															
上午10时															
美好公寓															
经贸大厦															
李老妻子															
洪小姐															
电话：×××××××××××															

主要的感受或体会：

实训二　学 会 聆 听

目标——

提升对聆听的认识，体会沟通技能（包括语言与非语言）的真实内涵；进一步提高语言、聆听、提问的敏锐度与能力，以及构建同理心能力。

要求——

相对独立、安静的课室。

纸、笔、资料卡片。

卡片A（应答者）

认真回答B，按卡片B提出的问题，注意你的伙伴B的反应。

关注点：他是否在听？他是否对你的回答感兴趣？他的反应是否会影响你的讲述？

卡片 B（提问者）

问一些简单问题（例如，你能否告诉我你这个学期过得怎么样？或你能否告诉我你在上学路上的情况），让你的伙伴 A 回答。

在他回答的过程中，尽量表现出对他的回答不感兴趣，避免目光接触，可以看窗外、手表或手机等。

卡片 B1（应答者）

让 A 告诉你，他对你的表现有何感觉？

认真关注你的伙伴 A 的一举一动，尽量表现出对他的语言感兴趣，保持目光接触，使用非词语性语言如“嗯”或用非语言沟通技能做出反应。

卡片 B2（应答者）

让 A 向你讲述他的家乡或他的一些有趣经历，你以重复 A 的部分讲话内容进行不恰当的插话，如“你是说……”或“你是……这个意思吗？”

卡片 B3（应答者）

让 A 向你讲述他的家乡或他的一些有趣经历，在讲述过程中，你表现出极大的兴趣，认真听并尽量融入他的情景中，给予一定的认同或感受，如“你觉得……是因为……”或“那一定太有意思了！”或“你一定感动……”

实训说明——

1. 时间安排（表 1-10）

表 1-10　时间安排

活动内容	预计时间
活动介绍	3 分钟
分组并按要求开展活动	27 分钟
小组总结并分享	10 分钟

2. 实训规则

第一步：两人一组（设为 A 和 B），按角色不同拿不同的卡片并按卡片顺序与要求进行练习。

第二步：按同样规则，A、B 成员调换角色，进行练习（问题可以改变）。

第三步：双方练习完成后，分享各自体会，并形成要点。

第四步：在班里分享，并集中讨论。

3. 可以进行反复多次练习。

主要的感受或体会：

对沟通技能注意点的总结：

实训三　聆听的游戏测试

实训目标、要求与时间安排同实训二。

案例资料：某商人刚关灯准备关门，一男子走进来并索要钱款，老板打开收银机，收银机内的东西被倒了出来，而那个男子逃走了，一个警察很快接到报警。

实训说明——

老师按正常语速朗读提供的案例资料，并强调：我只读一次案例资料，要仔细听并记住，不能提任何问题与做记录，然后完成下面的题目并将答案填在下面表格上。

1. 老板将商场内的灯关掉后，一男子到达。（A.正确 B.错误 C.不确定）
2. 抢劫者是一男子。（A.正确 B.错误 C.不确定）
3. 来的那个男子没有索要钱款。（A.正确 B.错误 C.不确定）
4. 打开收银机的那个男子是老板。（A.正确 B.错误 C.不确定）
5. 老板倒出收银机中的东西后逃跑了。（A.正确 B.错误 C.不确定）
6. 故事中只提到收银机，但没说里面有多少钱。（A.正确 B.错误 C.不确定）
7. 抢劫者向老板索要钱款。（A.正确 B.错误 C.不确定）
8. 抢劫者倒出收银机中的东西后，急忙离开。（A.正确 B.错误 C.不确定）
9. 抢劫者打开了收银机。（A.正确 B.错误 C.不确定）
10. 抢劫者没有带走钱款。（A.正确 B.错误 C.不确定）

序号	1	2	3	4	5	6	7	8	9	10
答案										

在小组中讨论，形成统一意见。选派人员汇报，最后由老师讲解。

答案见附录 1-3。

实训四　“同 侧 移 步”

目标——

提升对聆听中附和技能的认识，体会“同侧移步”的真正含义与做法，并通过实训来提高应用该技能的能力。

要求——

相对独立、安静的课室；要求专心、认真、用心地体会。

纸、笔。

实训说明——

1. 时间安排（表 1-11）

表 1-11　时间安排

活动内容	预计时间
活动介绍	5 分钟
分组并按要求开展活动	25 分钟
小组总结并分享	10 分钟

2. 实训规则

第一步：全班集中于课室内，两人一组随机配对（设为 A 和 B），并随意分开坐，都以陌生人身份出现（这点必须做到），可以站着或坐着，A 主动做动作，B 跟着模仿。在开始相互认识前与认识后的交谈中，A 分别选择一定的下意识的肢体动作（包括视线方向、喝水、托下巴、抬或低下巴、抱手、翘脚等，每个动作持续时间约 5 秒），B 认真跟着模仿，进行练习。

第二步：按同样规则，调换角色进行练习。

第三步：双方练习完成后，分享各自对对方模仿自己动作后的体会，并形成要点。

3. 可以进行多次练习，直到有一定的体会。也可以将练习延伸到课堂外，如图书馆、饭堂等，最好是找陌生人进行练习。练习后主动与之沟通，获取对方的体会。

主要的感受或体会：

对该知识点的总结：

【情景模拟】

学 会 沟 通

目标——

提升对沟通技能的认识，提高应用具体沟通技能（包括聆听、提问、共情、抚摸等）解决实际问题的能力。

要求——

相对独立、安静的课室。

纸、笔、案例。

情景案例：

1. 你看护的张爷爷原来特别喜欢与你聊天，这两天他突然不爱讲话了，偶尔只重复一句话："我儿子要回来了！"然后就一言不发，还不爱吃东西，你很担心，想找他好好聊聊。

2. 王奶奶自入住养老院后十分依赖你的照顾，从不让其他人插手，但人十分固执又行动不便。你有急事必须回家，可能要 10 天才能回来，你估计跟王奶奶说她会接受不了，该如何沟通呢？

3. 你被养老院安排到刘爷爷家照顾刘爷爷近一年，彼此还算融洽。但最近刘爷爷家来了个亲戚阿姨，不知什么原因，对你的工作指手画脚，表现出很大不满，还经常在刘奶奶面前告你的状。你担心如此下去可能会产生误会。该如何沟通呢？

实训说明——

1. 时间安排（表 1-12）

表 1-12 时间安排

活动内容	预计时间
活动介绍	5 分钟
场景准备	1 天
分组并按要求开展活动	15 分钟
小组总结并分享	20 分钟

2. 实训规则

第一步：分为三组，各小组选择一个情景案例进行模拟展示。

第二步：展示后，要求每个成员轮流表述观点，再进行分析讨论，形成小组意见。

分组名单与扮演的角色：

场景设计要点（时间、地点、环境、氛围与要求等）：

主要的感受或体会：

建议与意见要点：

【案例分析】

小李是地道的广州人，娇生惯养，争强好胜，思想新潮。小白是土生土长的农村人，寒窗苦读，好不容易分到广州市。他们同在一个部门，工作后，小李只完成分内之事，我行我素，对领导交办的工作总要发表一番“高论”，对部门工作指手画脚。小白则工作热情很高，待人礼貌，认真、谦虚、谨慎地做好各项工作（包括额外工作）。在年终考评时，尽管在业绩上小李明显好于小白，但小李得不到任何赞扬声，而小白则赞声如潮，得到大家的认可。

独立完成以下问题。

为什么会出现这样的情况？原因在哪？

从该案例，你得到什么样的启示？

第二章　老人的生理心理特点、疾病与社会学特征及以沟通要点

【学习要点】

◆ 识记：老人常见的生理心理特点，以及疾病与社会学特征；与老人沟通的一些关键问题、建议与要点。

◆ 理解：老人的生理心理特点，以及疾病与社会学特征；与老人沟通的建议与要点。

◆ 运用：与老人沟通的建议与要点；与不同类型老人沟通的策略。

【引导案例】

护理员小周在养老院的花园里遇见78岁的王奶奶，奶奶正眯着眼睛坐在椅子上晒太阳。她热情地上前打招呼："王奶奶好！在晒太阳呢？"王奶奶笑呵呵地说："是啊，人老了容易缺钙，要多晒太阳！"问："最近吃饭怎么样？"王奶奶说："蛮好的！最近食堂的伙食不错。"又问："您最近按医生的话吃药了吗？"王奶奶回答说："太麻烦了！每天要吃一把药，吃得我都想吐；再说，我这点病不算什么！没事的。"小周紧张了："奶奶！这些药都是医生根据您的情况开的，要按时吃的，特别是高血压药，不然很危险的！"王奶奶："没那么严重！我这病已经十几年了，我知道情况，你看，我这不是好好的吗？"小周蹲下来，摸着奶奶的手，仔细端详一下王奶奶，"奶奶！您这几天睡好了吗？""不太好！感觉睡得不实在。""我看您眼睛有点红。这样吧，我给您量一下血压，好吗？"两个人一起到医务室量血压。"奶奶！您的血压又高了，难怪您没睡好。为了您的身体，我们一起去找谢医生看看，好吗？"王奶奶面带愧意地点点头……

案例分析：

其实，在日常生活中，与老人沟通就是聊天。这种聊天，是围绕着老人的生活与健康，围绕着老人的特点、特征来进行。案例中的小周表现出来的责任心、观察力与沟通力值得我们学习与借鉴。

为提高服务老人的目的性与针对性，必须掌握老人的一些共同的特点与特征，以及与老人沟通的要点。

停下来想一想 ⟹ 在你的印象中，老人有哪些共性的特点？当你有事需要你的爷爷、奶奶（或外公、外婆）帮忙时（如要他们帮你在爸爸面前说好话），你是如何让他们同意帮你的？在小组中分享你的做法。

衰老是人类不可抗拒的自然现象。历经几十年风雨洗涤的老人，在生理、心理、疾病与社会等方面肯定会留下岁月的痕迹。

知识链接

随着年龄的变老，精神的缺陷也像脸上的缺陷一样增加。

——拉罗什福科（法）

老人常见的生理心理特点

● 脑功能下降，记忆力衰退

随着增龄性的变化，老人的脑组织及功能也呈现自然衰退，神经系统的灵活性也会有所下降。常表现为注意力不集中，记忆力减退，以及精神与躯体容易疲劳等。在记忆方面突出表现为近事记忆减退明显，远事记忆相对保持较好。

● 主观衰老感

容貌（如由青丝变白发）、行为（如由精神饱满变得气力衰弱）及精神（如容易疲劳等）的变化会直观地让老人产生衰老感；逐渐丧失的成就感与被需要感会给老人的心理带来很强的负面影响，也会在一定程度上加重老人的衰老感。其常见的表现是讲话时老气横秋，对未来信心不足或兴趣不高等。

● 性格变化

人进入老年阶段，人格弹性会明显减退；同时，老人多年形成的固有生活习惯与行为作风也较难改变。往往表现为不愿接受新事物、新思想，很难正确认识与适应生活现状，在评价与处理问题时容易固执己见，变得傲慢自尊、对立等。

● 情绪变化

有人将老年期认为是人生的“丧失期”。伴随老人的退休，他们的生活、工作与社会环境均会发生变化，他们会强烈感受到这不仅是工作的丧失，同时还丧失了社会地位、成就感与被需要感等。所有这些变化与丧失会让老人的孤独、寂寞感和空虚感油然而生，从而产生一种“被遗弃感”；加上社会的不停进步，会有许多问题冲击着他们业已形成的人生观、世界观与价值观，让他们感到困惑与疑虑。所有这些，均会强烈地刺激老人的精神与心理，使他们的情绪敏感而多变，呈现出如焦虑、恐惧、孤独、忧郁、偏执、暴躁、自卑、自弃等情绪；在行为上表现为如爱唠叨、看不惯、漠不关心或缺乏热情等。这种负面情绪不仅会加速老人的衰老，而且会对老人的身心健康造成一定的威胁。

其实，老人的这些变化，还存在着如同小孩一样的心理。就是说，他们存在着想通过行为来引起他人的关注、寻求心理平衡与排解孤独的心理因素；同时，从衰老的过程来看，老人的话多、爱“唠叨”也是其思维方式与过程混乱的一种表现，这些都需要我们予以充分理解。

● 喜欢安静但又惧怕孤独

老人由于神经抑制高于兴奋，所以更喜欢在清静的环境中生活。但 “被遗弃感”、寂寞感，以及身边客观发生的一些变化，如子女分居、朋友离世、疾病缠身等，又会使老人产生强烈的孤独寂寞感。常表现为过于安静时若有所失，无所适从；过于热闹时又嫌弃嘈杂，甚至无法接受。提醒我们要处理好老人的动与静问题。

● 睡眠不调

随着老人睡眠调节功能的下降，会出现一定的睡眠不调。常表现为入睡与睡眠维持困难，晚上睡眠少、睡眠浅、易惊醒，白天容易犯困等。这种睡眠不调对老人的心理与身体都会产生不良的影响。提醒我们要安排好老人的作息时间，以及处理好作息过程中的环境因素（特别是声音）。

● 经验丰富，渴望作为

老人丰富的人生经历，积累了许多社会经验，使得老人对问题有着深刻的感悟与准确的判断，更具备丰富的解决处理问题的经验与能力。与此同时，按目前退休年龄（包括全世界范围内）退休的人，在一定程度上，可以说仍“年富力强”，他们仍有精力与能力，也渴望发挥余力，有所作为。这是一笔很大的财富，这也是老龄化程度严重的国家（如日本、德国等）还鼓励老人再就业的原因。提醒我们要发挥好老人在这方面的优势，让他们老有所为、老有所乐。

● **期盼健康长寿**

期盼健康长寿是人之常情。对已走过人生沧桑岁月的老人，这种期盼显得更加强烈。原因是多方面的：有岁月不多的紧迫感，有不希望因疾病给晚辈（或社会）增添负担，也有希望尽可能长寿来看到自己愿望得以实现等心理因素。常表现为有病时过于紧张、忧虑，终日忧心忡忡，要求进行各种检查与治疗；无病时过于热衷寻求延年益寿的手段，因而对这方面的虚假广告容易轻信而上当受骗等。

知识链接

老年有这么多缺陷和愚蠢，又这么容易受人耻笑。一个老人能够得到的最好收获不过是家人的仁慈和爱，统领和敬畏已不再是他的武器。

——蒙田（法）

停下来想一想 ⟹ 针对老人以上的心理特点（如喜欢安静但又惧怕孤独等），我们该采取哪些针对性策略来化解老人这种心理？

动动手查一查 ⟹ 老人常见的生理心理特点（如记忆力下降等）是由哪些因素造成的？一起找出来，在小组中分享。

【案例说明】 **一位退休老人的独白**（借此了解老人的生理心理状态与特征）

现在我已不在工作岗位了，往日的同事们不再保持往昔对我的尊敬。这一年多我被过剩的余闲时间烦死了。许多我一度拥有的东西相继失去，爱妻在两个月前因病离我而去了，一些老朋友也陆陆续续地离开了，这些丧失令我更加孤寂与苦闷，同时使我整天忧虑什么时候会轮到我。我的生活也发生了极大的变化，我的子女们都成家立业、四处谋生了，剩下我一个老头待在家里。我发觉自己变得越来越固执、沮丧及愤世嫉俗，很多时候我都不知道自己在说些什么，对一些简单的事情也记不清楚，我觉得自己真是越老越没用了！

去年，我突然发觉自己的视力及听力衰退了，看什么都觉得有点泛黄。这些变化使得我与外界更脱节了。很多时候，四周都是频率过高的杂音，我只能听到别人断断续续地说些什么，因为不理解内容，唯有依赖想象力去回答他们，结果他们认为我神智不清，逐渐远离我，有时我甚至怀疑自己是否有点失智，于是我的生活更加孤单了，感到被人排斥与轻视。但我自视依然与往日的我没有多大差别，为什么别人会认为我那么糟糕呢？

好几次，我由于暂时性晕眩而跌倒在地上。从医院拿药回家后，却又经常忘记服用，有时候又因害怕而加倍服药，最后导致心脏病发作。

最近我发现自己开始自言自语，沉醉于往日的回忆中，同时也经常对某些往事懊悔不已。

通过阅读以上案例，相信你对老人的生理心理特点有更深的认识，能体会到他们的不易，并对他们产生多一份的理解。其实，老人不仅存在以上的生理心理变化，还存在疾病方面的问题。

老人的疾病特征

● **多系统疾病共存**

增龄性的变化及岁月留痕，会使老人的身体状态与功能发生了一系列的变化，从而导致老人可能同时罹患多个系统的疾病，尤其是高龄老人。有研究发现：老人中平均每人患有 6 种疾病；在存在的疾病中，有半数没有被医生发现。北京医院统计 60～90 岁年龄组人均患有 9.7 种疾病，90 岁以上老人患 11.1 种疾病。

● **起病隐匿，缓慢发展**

老人的疾病明显呈现慢性、隐匿性与迁延性。老人的一些疾病往往表现为慢性发展过程，在相当长的时间内无症状，无法确定其发病时间及进展情况，如动脉粥样硬化、糖尿病及骨质疏松症等。但一旦发病，病情已较严重。如，老人发生椎底压缩性骨折后，才发现其存在比较严重的骨质疏松症。同时，其发病初期症状容易与一般生理性老年变化相混淆，如早期脑栓塞的临床症状与老年行动迟缓、记忆力下降等生理性行为极其相似，常需经过一段时间才显现出来。对长期患病的老人，由于对所患疾病有一定的耐受性或适应性，其变化会更复杂，有时可表现为病重症状轻，病轻症状重等情况。据有关资料显示：老人的心肌梗死，有 1/3 疼痛部位不典型，易误诊为消化道疾病的疼痛或神经肌肉痛；有 2/3 无疼痛感的老人以心力衰竭、休克、昏厥或肺炎、上消化道出血起病而易漏诊。同时并发症多，如并发心力衰竭、心律失常、精神异常等。因此，关注老人与异常行为与可疑变化，以及定期检查显得十分重要。

● **临床表现不典型**

老人因衰老、伤残与疾病相互交织，导致疾病的临床表现不典型。具体表现在以下方面。

○ 疾病的特异性症状在老人群体中表现为非特异性。如，老年肺炎仅表现为食欲缺乏、乏力等症状，缺乏呼吸道症状；老年心力衰竭表现为精神症状、味觉异常、腹胀、腹痛等症状。因此，要警惕老人的轻微非特异性症状背后可能隐藏着严重的疾病。

○ 多种疾病相互影响，使症状不典型。老人多系统疾病共存的特征，极易出现一个本该表现出来的、功能较差的系统疾病的临床表现被另一个功能尚好的系统疾病的临床表现所掩盖，导致其临床表现不典型。这种情况会导致原本十分严重的疾病被忽略而延误治疗。

○ 许多疾病呈现无症状（亚临床型）。资料显示：老人无痛性心肌梗死占 20%～80%；糖尿病无症状（三多一少）者占 52.8%；老人下尿路感染常无明显症状。

● **病情变化快，并发症多，猝死率高**

老人由于脏器功能及内环境稳定性明显减退，免疫功能与应激反应能力，以及对药物的敏感性均降低等，导致机体的抗病与承受能力均有所减弱。一些疾病一旦没有及时诊治或诊治不力均可引起病情迅速恶化，并可能引发并发症及其他共患疾病的发作，使病情扑朔迷离，容易危及生命。例如，久病卧床的老人极易发生褥疮、肺炎等。又如，老人的上呼吸道感染，可发展为肺炎，引发原有的共患病如高血压或心脏病发作，甚至发展为肺心病，同时累及多个器官系统，大大提高其风险性与死亡率。提醒我们要密切观察与及时防止并发症的发生。

● **药物不良反应多**

老人身体机能的减退，对药物的代谢及排泄能力减弱，服药后容易出现不良反应，甚至危及生命。因此，关注老人的用药情况是我们服务过程中一项不可忽视的重要工作。

● **发病方式独特**

有报道，75 岁以上的老人最脆弱的部位是脑、下尿路、心血管及运动系统。无论何种疾病发作，都以跌倒、不想活动、精神症状、大小便失禁、生活能力丧失（统称五联征）等发病。年龄越大，这五联征之一或几项表现越明显。提醒我们要密切注意此五联征，以免延误诊治。

停下来想一想 ⟹ 根据老人的疾病特征（如病情变化快、猝死率高等），在为老人服务时应注意哪些方面？在小组中讨论，归纳出要点并进行分享。

动动手查一查 ⟹ 有哪些因素可导致老人的一些疾病不为人知或不愿诊疗？以高血压为例，查找出来，在小组中讨论形成共识，选派代表进行讲述。

特别强调：正确正视老人的这些疾病特征，给予更多的观察、诊治与照顾，可明显提高老人的生命质量与生存率。

老人除了存在生理、心理、疾病的特点特征外，还存在一个前面老人独白中提到的重要特点——老人的社会学特征。

老人的社会学特征

● 社会角色的变更

老年期是人生的一个重要转折期，特别是老人离退休后的社会角色更是发生本质的变化。他们突然从社会活动的主角转变为配角，从忙碌的职业角色转变为闲暇的家庭角色，从社会财富的创造者转变为社会的消费者。这些突然的变更会给每个老人带来一种悠闲沉寂、无所适从的心理感觉，以及无价值感与被社会所忽略的孤独感等，使他们感到难以适应。

● 家庭角色的变更

在社会角色变更的同时，老人的家庭角色也发生了明显的变更。退休后，家庭就成为老人主要的甚至可能是唯一的生活场所，也是老人满足需要、获得支持的根本来源。但在现实生活中家庭的一些变化，如子女独立外迁居住、为人祖父母、或子女不孝乃至丧偶等，都会改变老人这一赖以依靠的根本，给老人带来许许多多的困难与问题，如调整或处理不好，将极大地影响到老人的身心健康。这个变更对老人的影响最大，必须引起我们的高度重视（特别是丧偶）。

知识链接

老年空巢综合征

老年空巢综合征是老人在子女成家立业、独立生活后，由于适应不良而出现的一种综合征。在中国精神疾病分类中属于“适应障碍”的一种，是正常的一种心理危机。具体表现为以下几个方面。

一是精神空虚，无所事事。子女离家后，父母从原来多年形成的紧张而有规律的生活，突然转入松散的、无规律的生活状态，他们无法很快适应，常表现为情绪不稳、烦躁不安、消沉抑郁等。

二是孤单、悲观、社会交往少。人是喜欢群居的，特别是老人。一旦出现“空巢”，他们会在情感上和心理上失去支柱，感到寂寞与孤单，对存在感产生怀疑，陷入无趣、无欲、无助、无望状态，甚至出现极端的想法或行为。

三是躯体化症状。受“空巢”应激产生的不良情绪影响，可导致一系列的躯体症状和疾病，如失眠、睡眠质量差、头痛、乏力、食欲不振、消化不良，以及高血压、心律失常等。

● 社会环境的变更

当今社会，各种新理念、新做法、新产品不断涌现，对每个人都是一个冲击，这都要求我们不断去学习与适应。老人离开工作岗位回到家庭，就等于在一定程度上远离社会中心地带，对新事物的接触与理解就会存在一定的差距，这些问题会慢慢地在日常生活中显现出来，让老人有脱离社会、落伍的心理，从而加重其失落感与无用感。同时，环境的快速变化及老人感官功能的减退，会对社会环境中诸如灯光、地面、障碍物、交通设施等感到不适应，这些不仅会加重老人的老年感与衰老感，还容易发生跌倒等意外伤害。当然，城市人口与建筑密度的不断增加、交通拥挤、工业三废和生活垃圾等现实问题也会对老人的身心健康带来威胁，如易发心脑血管疾病、呼吸系统疾病与各种肿瘤等。

停下来想一想 ⟹ 围绕着老人的社会学特征，想想你家里或邻居已退休的长辈（父母或祖辈父母），他们在退休后有哪些明显的变化？是由什么因素所造成？是否有有效的解决办法？在小组中分享。

动动手查一查 ⟹ 什么是社会角色？针对老人社会角色变更中存在的问题，我们在服务时，有哪些方面需要我们考虑并与老人进行沟通？查找出来，小组内分享并达成共识后，选派人员在班里分享。

知识链接

老人离退休经历的四个时期

有资料显示，中国的离退休老人在离退休前后的一个时间段内，大致要经历4个时期，才能逐渐适应并安定下来。

一是离退前期，也称为不稳定期。往往表现为怀疑自己怎么那么快就到了离退休年龄，步入老年人的行列，会产生莫名的"恐老"感。幻想加留恋是这个时期的主要表现。

二是离退期，是指离退休后不久的一段短时间内。对离退休后的生活一下子无所适从，人离心不离，仍关心着、迷恋着过去的岗位与岁月，总想去了解和参与，但往往是心有余而力不足或无从插手。留恋、茫然、恍惚、情绪低落等是其主要表现。

三是离退后期，一段时间的离退期后，发现过去的岗位与工作已与自己关系不大，慢慢退出离退期；这时，接触面与关注事项骤然减少，生活变得单调、懒散、无所事事。其主要表现是出现情绪障碍或抑郁症状。

四是适应期，经过较长一段时间的适应与调整，慢慢形成自己的生活规律与活动方式，接受并面对现状，以及存在的问题，生活慢慢充实，情绪与心理趋于稳定。

其实，从医学理论来看，这种变化过程是客观存在的，是为了适应变化所进行的自我保护性调节，是一种应变反应。

通过前面的学习，希望大家能深刻地理解这些客观存在于老人的特点与特征，以及由此给老人带来的各种心理、行为等问题的客观性，也能清楚认识到这些因素会给老人的身心健康造成一定的影响。这是我们在学习与老人有效沟通技能之前必须认识到的最根本问题。同时，老人作为整个人群中的一部分群体，所有适合于人群的有效沟通技能（第一章内容）同样适合于老人，只是在应用这些共用基本技能时必须考虑到老人的特殊性并做一定的有针对性地调整或侧重。因此，本章不再赘述，仅着重提出一些针对与老人沟通的技能与要点。

与老人沟通的建议与要点

我们先结合第一章提到的内容，看看我们在为老人服务时必须考虑的一些关键问题。这既是与老人有效沟通必须注意的根本点，也是必须掌握的沟通要点。

● **与老人有效沟通的一些关键问题**

○ 建立良好关系并给予老人选择的权利。让老人接纳你是实现与老人沟通的前提。要做到这一点，要求我们通过自身的行为举止来赢得老人的信任，与老人建立起密切的忘年交关系；同时，要注重保护他们的个人隐私，时刻给予他们选择的权利等。

○ 在充分尊敬与体贴中采取个性化服务。尊重、爱护与体贴老人，既是中华民族的美德与要求，更是服务过程中必须坚持与落实的根本点。个性化服务包括两个方面：一是要针对每个老人的特长与爱好来设计一定的活动或平台，让他们继续发挥余热，有所养、有所为、有所学、有所乐，充实他们的生活；二是要充分考虑每个老人不同的生理心理状况，以及客观存在的问题（如听力、视力、心理等），针对性地采取个性化的沟通策略与服务，做到贴心到位。

○ 提供高水平的服务。这是实现沟通目标的外化形式。这不单需要我们自身具备过硬的知识与技能，更需要我们通过内部人员之间的密切合作来为他们提供全面的、细致的、个性化的服务（内部成员间的沟通在后面章节会提及）。

○ 保护并促进老人的健康。这是我们的工作目标与职责所在，是与老人沟通的真正落脚点。我们的沟通除要实现我们的工作目标之外，更多的是要为老人提供有利于促进他们健康的建议与做法，并教会他们。

在掌握与老人有效沟通必须注意的根本点之后，我们来学习一些与老人有效沟通的建议与要点。

如上所述，与老人沟通的首要基本技能是要发自内心地尊重与体贴老人。要做到这一点，涉及的内容很多，其中除了在知行方面确立老人就是自己的长辈外，最主要的还有以下四个方面：重视给老人的第一印象（包括自己的容貌、体形、举止、神态、姿势、服饰、发型等），有得体恰当的称呼与引入方式，语言表达简洁明确，讲究沟通技巧（多采取“开放式”、适时采用“封闭式”、尽量避免“审问式”提问，忌用伤害性、指令性语言）等。

停下来想一想 ⟹ 分四组分别选择上述提到的体现对老人的尊重与体贴的四方面内容进行讨论，整理出要点后在班内分享。

下面的一些建议与要点有助于更好地与老人进行沟通。

○ 同理而非同情。也即同理心与同情心的问题。同理心包含有三个向度。一是获得知觉，是一种从对方的角度看待问题的尝试。这需要你中止你的论断，将自己的意见放一边，试着从对方的角度了解对方；二是情感向度，就是要我们更贴近地去体验对方的感受（包括喜怒哀乐）；三是真诚关心对方的利益。具体来说，同理心就是设身处地地思考对方的处境而产生的感同身受。而同情心是从自己的角度来看别人的困境而产生的悲悯之心，是在明确知道别人的心理或痛苦后所产生的含有怜悯、施舍的成分的情感。

总的来说，老人的自尊心普遍都很强。他们都想得到他人的尊重与理解，乃至认可。因此，面对老人不支的体力、缓慢的动作、健忘、邋遢、冷漠甚至非正常的行为举止等情况时，我们应该给予更多的理解、接纳与帮助，而不是同情或嫌弃。可以采取同理的方式来实现理解，就是说要设身处地考虑老人的处境及其产生的原因，这样你就会自然而然地理解老人并能发自内心地帮助老人。如，嫌弃老人行动慢，你可以这样想：“她的关节炎（或其他问题）那么严重，行动起来肯定很难受，所以就那么慢。”又如，老人怎么这么不近人情。你可这样考虑：“看到他的亲人与朋友那么少，平时又很少有人与他讲话，难怪他那么冷漠或孤僻。”如果你能这样理解，那么就会接纳他们，你的服务自然就会多一些耐心与真挚，就会用你的自觉行为去帮助他们；而你接纳与帮助的言行举止也会给予老人以动力，让老人的能动性增强。反之，如果是同情，你的行为将会含有施舍的成分，你就容易失去耐心，就容易被阅历丰富的老人所察觉，会加重他们的无用感，并影响彼此的关系，最后影响到沟通的有效进行。

○ 询问而非命令。如前所述，老人最需要的是尊重。因此，我们在服务中应该以商量、询问的方式与老人进行沟通（如引导案例中的聊天），这既体现出我们对他们的尊重，满足他们的自尊心，也可实现我们的工作目标。反之，如果我们采取的是命令或质问的方式，不单会让老人反感，还会产生适得其反的效果。

我们来体会下面不同的表达方式所带来的不同效果：

将“今天晚饭后您要活动一下哦。”改为：“今天晚饭后您想活动一下吗？这对您的腿部康复有帮助。”或“今晚的月色很好，我们晚饭后一起出去活动一下，好吗？”或“今晚天气那么好，晚饭后您想散步还是跳广场舞？”

体会一下，采用商量或询问的方式并将决定权留给老人效果是否会更好。商量或询问体现的是对老人的尊重，让他们自己选择则可让他们觉得自己还有用，还可以决定一些事情，给予他们信心与希望。这种方式，特别适用于行动不便的老人，通过询问（尽管他们不一定会做出选择），更多的是让他们觉得他们在一定程度上还可以掌控日常生活的一些问题，让他们获得心理上、精神上的满足，这对他们的康复有很大的促进作用。

○ 征询而非猜测。在涉及老人的日常事务上，同样应该采取征询的方式，而不是根据自己的主观猜测而自作主张。如，晚上安排好老人上床后，可征询老人：“要我帮您关灯吗？”不能想当然地认为老人就要睡觉了而直接关灯。对这类具体事务，在无大碍的前提下，要尊重老人的选择；当然，如果涉及制度等原则性问题，要从老人的安全、健康等角度跟老人解释清楚，充分表达出对老人的尊重。又如，老人的血压又高了，不能直观地猜测是老人没有服用药物，而应该仔细询问老人的服药情况及是否存在其他因素（因血压的升高是多因素的）。

○ 用“我”而非“你”。有调查显示：当人们（特别是老人）感觉自己不断被命令做事时，通常会感觉不爽。这些“专横”的语言中大多都是含有“你”的祈使句。一起来看下面的例子。

“你今天要锻炼了!”

“你该吃药了!”

“你最好不要忘了去看医生!”等。

心理学家对这种觉得自己是被指使做事而给予消极回应的心理称为“3F”(fight, flight, freeze)心理,即会采取或出现警觉、回避、麻木心理,这种心理往往会带来争吵、逃避、障碍之类的问题。

因此,专家建议,多采用“我”、“我们”、“咱们”和“这”开头的句子,会收到较好效果。我们将上面的词句改变一下。

“我今天跟您一起锻炼。”

“我倒水给您吃药好吗?按时吃药很重要。”

“咱们今天一起去看医生好吗?谢医生今天约了您。”

你是否感觉到这种类型的词句更中听,更能被老人接受并乐于执行呢?

○ 帮助而非包办。在服务中尽可能让老人保持自主独立性,既是我们的服务目的,也更符合老人的期盼。因此,在服务中,我们给予老人更多的应该是帮助与鼓励。如,要给卧床的老人侧身,我们希望的是老人借助我们的帮助,通过他自己的努力来完成这一动作(当然,要在做好全面考虑、确保安全的前提下,根据实际情况来决定谁主谁次),通过我们一次又一次的帮助与鼓励,老人的功能才会得到不断锻炼与康复,最后实现老人能独立完成该动作。这种非包办的帮助,既可实现工作目标,又可满足老人的心理需要,获得还能掌控自己生活的感觉,让老人在心理上觉得他们还行,而逐渐恢复自信与自尊。如采取包办方式,全靠我们的力量直接将老人侧身,表面上看好像是服务很到位,但却会失去锻炼老人机能的机会,也会让老人逐步产生“已成为他人负担”的负面心理暗示,不利于老人的全面康复。

○ 严守时,重承诺。严守时与重承诺是一个人的基本素质,特别是面对时间观念很强、注重承诺、生活相对单一的老人,他们对约定与承诺更在意。因此,在服务中,守时乃至提前一点到达十分重要,这是表示对老人尊重,以及给老人良好印象的体现;同时,千万不能因为一时想讨老人欢心,就随便向老人承诺。如,“明天下午我还来看您。”“下次我给您带……”这种带有“承诺”性的语言,老人往往会记住并期待着,当你没有或不及时兑现时,会给老人留下不好的印象,甚至会失去对你的信任。这是与老人沟通的大忌!必须高度注意。

○ 适当运用抚摸。第一章已经提到,对老人群体恰当运用抚摸可收到很好的效果。但也提醒我们要注意抚摸的时机与方式方法。

□ 根据场景与老人的需求选择抚摸时机。如,在聊天中,以及在老人需要安慰时可以抚摸老人的手或背部等。要求做到发自内心、自然与温柔。

□ 要在确认老人知道你的存在后,方可进行,不然容易让老人受到惊吓。

□ 抚摸的部位要从手开始,再缓慢地延续到前臂、上臂、肩部和后背等。但切忌抚摸头部(大部分老人忌讳,除进行护理操作外)。

□ 要配上适当的语言与眼神(如,关切地看着和抚摸着老人,“爷爷!您越来越精神啦。”)。

□ 要仔细观察老人的反应。如老人被抚摸后显得放松则表示接受与喜爱,可以继续;反之,如果老人显得不自在则表示不喜欢,应立刻停止。

动动手查一查 ⟹ 除上面的建议与要点外,是否还有一些细节需要我们注意并学习的。一起找出来,在小组中分享并练习。

知识链接

所有的老人都比孩子要眷恋生活,都比年轻人更舍不得摆脱。

——卢梭(法)

不同类型老人的有效沟通策略

有学者将老人分为以下类型，虽然这样的分型在生活中有时难以做到对号入座，但还是可以从老人的行为举止中找到端倪。下面是针对不同类型老人的特点采取相应策略的一些建议。

● **休闲安详型**

对生活没有太高的目标，有房住有得吃就行，能自己有序地安排生活。

建议策略：以尊重体贴为主，主要是帮助老人解决日常问题，提供衣食住行，并给予一定的安全与健康指导。

● **成熟自立型**

有固定收入且有较多的兴趣爱好，自立自强，自给自足，还可以福及儿女子孙。为人豁达开朗，热衷社会公益活动，奔波于社会交际。

建议策略：以多提醒、叮嘱老人注意身体与安全，让其尽情发挥余热为主。在当好老人助手的同时，用心向老人学习其经验与技能。

● **紧张忙碌型**

这类老人看起来整天很忙，显得干劲十足；但一停下来或没事干时就显得浑身不自在。

建议策略：以为他们创造一些他们力所能及的事务，让他们尽情投入去做为主。其实，这类老人忙碌于各种事务，存在想借此忘掉烦扰、消除孤独、掩饰内心的空虚与寂寞等因素。因此，要特别留意在他们空闲时多陪伴他们。

● **多管闲事型**

这样说可能有点不礼貌，不过这类老人不在少数。这是我国家长制的产物，当然也含有一定的关心与爱护下一辈的成分存在。老人一辈子历经沧桑，再大的儿女在他们眼中都还是孩子，总觉得下一辈不够成熟，事事都要谆谆教导，甚至倚老卖老。还有就是一些刚从领导岗位下来的老人，他们仍保持着对工作的热爱与情怀，以及存在一定的角色痕迹，所以会对一些事务指手画脚，多方干预或指责。

建议策略：以耐心聆听与陪伴为主。尽管老人的这些做法常会令人不适或反感，但请理解老人的习惯与苦心，建议在不触及原则的情况下，耐心听一听，切不可争论。

● **幼稚依赖型**

说老人幼稚同样不太礼貌，这里指的是老人在一些因素（如疾病）的影响下，可能会出现一些性情的改变，表现出各种幼稚行为；或者是由于空虚寂寞而产生的孩童心理。

建议策略：以多陪伴为主，同时要密切关注事态进展，情况严重时带老人就医咨询，要提早预防其发生阿尔茨海默病。

● **情绪多变型**

这类老人多属于身体、心理不太舒服的老人，特别是当前备受疾病折磨或面对生活难题及人生经历不太顺畅的老人。常表现为沉默寡言，平时对事物不理不睬；但容易发怒，一旦发怒势不可挡。

建议策略：以给予更多的关怀与照顾，为他们解决实际问题，不与其发生冲突为主。除关怀与照顾外，要用心发现并积极解决影响他们的一些实际问题（如通过与医生协同解决他们的病痛问题，通过与其聊天排解他们心中的不快等）。遇到老人发怒时，建议采用“避其锋芒，再寻战机”的战术，即认真聆听，以找出发怒的原因并做一定的劝说宽慰，待其冷静后再商量解决具体问题。千万不要硬碰硬，否则会两败俱伤，更不能以凶横硬气的语言与态度对待他们。

停下来想一想 ⟹ 还有其他类型的老人吗？举例说明该如何沟通？在小组中分享。

【实操训练】

句 型 练 习

目标——

提升对句型的认识，学会在沟通中有效应用句型；进一步提高提问与沟通的能力。

要求——

相对独立、安静的课室。

纸、笔、资料（见下文）。

懂道理的老人是不会这样做的。	分析式
因为你偷吃，所以血糖才这么高！	命令式
没时间了，我还有事情要做。	争论式
再这样闹，我就把电视关掉。	责问式
我觉得你最好先告诉他。	批判式
时间到了，快去排队打饭！	建议式
你怎么能这样做呢！	警告式
事实摆在你面前，你还争什么？	回避式
你就是怕你的儿子不要你。	说教式

实训说明——

1. 时间安排（表 2-1）

表 2-1 时间安排

活动内容	预计时间
活动介绍	5 分钟
分组并按要求开展活动	20 分钟
小组总结并分享	15 分钟

2. 实训规则

第一步：独立完成上面句子与对应句型的连线，同时找出每种句型的特点及要求，举例说明。

第二步：每个成员完成后在自然组内分享，并形成该组意见。

第三步：派人在班里分享，并集中讨论，形成统一意见。

句型的特点、要求及例子（每个人）：

句型的特点、要求及例子（自然组）：

句型的特点、要求及例子（全班）：

【情景模拟】

沟通应答练习

目标——

学会利用沟通技能进行应答，提升应答能力，体会与老人沟通中的注意事项，以及沟通技能的应用。

要求——

相对独立、安静的环境。

纸、笔、资料卡片。

情景案例：

情景一：你作为志愿者去养老院看望老人，老人见到你很高兴，拉着你的手问："你是怎么来的？"你回答说："我们开车过来的。"老人说："我有急事要回家，你带我回去吧！"你该如何应答？

情景二：老人："看你总在照相，照得也很好，你能帮我照一张半身像吗？我想留着放在骨灰盒上面。"你该如何应答？

情景三：老人："我都成了废人了。"你反问："怎么会是废人呢？"老人说："你看我病成这样，什么都干不了，多拖累人呀！还不是废人？"你该如何应答？

实训说明——

1. 时间安排（表 2-2）

表 2-2 时间安排

活动内容	预计时间
活动介绍	5 分钟
场景准备	1 天
分组并按要求开展活动	15 分钟
小组总结并分享	20 分钟

2. 规则

第一步：分为三组，各小组选择一个情景案例进行模拟展示。

第二步：展示后，要求每个成员轮流表述观点，再进行分析讨论，形成小组意见。

分组名单与扮演的角色：

场景设计要点（时间、地点、环境、氛围与要求等）：

主要的感受或体会：

建议与意见要点：

【案例分析】

唐某，男，78 岁，退休教师，在某养老机构已住了 12 年。由于脑卒中导致半身瘫痪，经过较长时间的治疗和康复训练，可借助助行器行动。近期检查发现患有白内障，养老机构领导与社区医院取得联系，医生向唐老及其女儿介绍了手术治疗的情况，其女儿主张及早动手术，医生也同意择期手术。但唐老犹豫不决，诉说近来胃口不好，心神不宁，入睡困难，易惊醒，并多次向照护人员、社区医生询问手术的危险情况。观察发现：唐老看起来很痛苦，面部表情疲倦、紧张，皱眉叹气，说话频率加快。

分析唐老的表面想法、情感流露和潜在愿望是什么？

假如你是负责照顾唐老的护理员，你该与他如何沟通？

第三章　与不同文化背景老人沟通的技能

【学习要点】

◆ 识记：文化与文化差异；跨文化沟通的原则；与不同文化背景老人有效沟通的技能；跨文化沟通的一些建议。

◆ 理解：文化差异形成的原因；文化差异性的概念与具体表现；跨文化沟通对生活、工作的影响；跨文化沟通的一些建议。

◆ 运用：不同文化背景老人有效沟通的技能；跨文化沟通的一些建议。

【引导案例】

案例 1：古时，有一秀才去买柴，他对卖柴的人说："荷薪者过来！"卖柴的人听不懂"荷薪者"（担柴的人）三个字的意思，但听懂"过来"两个字，于是把柴担到秀才面前。秀才又问："其价如何？"卖柴的人听不太懂这句话，但听懂"价"这个字，于是就告诉秀才价钱。秀才看了又看，摇摇头说："外实而内虚，烟多而焰少，请损之。"（"你木柴外表是干的，但里面是湿的，燃烧起来，会浓烟多而火焰少，请减些价钱吧。"）卖柴的人因听不懂秀才的话，看他摇头，就担着柴走了。

案例 2：美国一家汽车公司曾经生产了一款牌子叫"Cricket"（奎克脱）的小型汽车，这种汽车在美国十分畅销，但在英国却不受欢迎。通过多方调查，原来"cricket"一词有蟋蟀、板球的意思，在美国每个人提到"cricket"就想到蟋蟀，意思是个头小、跑得快，所以备受欢迎。而在英国，人们一说"cricket"就认为是板球，人们不喜欢牌子叫"板球"的汽车。

案例 3：改革开放初期，中国南方一集团公司与宁夏某畜牧公司通过各自营业部的多方协商，拟在广州签订牛产品长期营销合作伙伴合同。两公司老总十分重视，亲自出马。南方公司的曾总为表达心意，准备了十分丰盛的晚宴，菜式有：南方名贵的"龙虎豹羹"（即蛇、猫和鸡一起炖成的羹）、藏猪及洋酒 XO。两老总见面后一见如故，共进宴席。席间，曾总逐一为宁夏李总一行介绍各式菜肴，并频频推荐李总进食"龙虎豹羹"和藏猪。

开始，宁夏李总面有难色，推说身体不适不能进食这些东西，但曾总不断强调他们的营养价值和珍贵，还以为是客人客气，不断为客人夹菜。李总脸色越来越难看，席中就推说身体不适而离席，双方的合同也搁浅了。曾总大惑不解，最后才得知，包括李总在内的一行人员大多为回族人（禁食猪肉）。

案例点评：

这是三个不同类型的案例。案例 1 看到的是由于文化层次差异所造成的问题；案例 2 是一个因词义理解不同所带来的问题；案例 3 表达的是风俗习惯不同的问题。这些就是经常提到的文化差异的问题。

不同文化背景的人有着各自不同的风俗习惯、思维和理解方式及宗教信仰。他们对同一件事、同一句话、同一个动作、同一个词都可能存在不同甚至相反的理解。提醒我们在沟通中要注意每个人不同的文化背景。

在日常生活中这样的案例比比皆是，特别是在人类进入全球化时代后，跨文化交际已成为时代的特色，跨文化沟通能力成为每个社会人必备的一种素质。

那么，面对着一百多个不同的国家与两千多个民族所形成的各自独特的、五彩缤纷的文化背景，我们该如何学习并掌握哪些国际跨文化沟通能力呢？

知识链接

每当两个人相遇时，实际上有六个人存在：那就是各自眼中的自己，各自在对方眼中的自己和各自真实的自己。

——劳伦斯·彼得（美）

停下来想一想 ⟹ 你是否也经历过或听过一些如因文化差异而出现不愉快或闹笑话的案例，在小组中分享。同时，讨论存在的问题、该如何避免及建议。

动动手查一查 ⟹ 中国 56 个民族有哪些文化习俗？国际上主要国家（美、英、法、德、日、沙特阿拉伯等）的文化存在哪些不同？分组查找出来一起分享。

文化与文化差异

由于文化本身的内涵很广，以及文化研究学者所处的学科背景不同，故对文化的定义众说纷纭。目前，对文化的定义大体有两种倾向：一种是广义的界定方法，认为文化是人类区别于其他动物的独特创造，包括人类所创造的一切成果（物质成果与精神成果）；一种是狭义的界定方法，把文化当作人类所创造的精神成果。

本文将“文化”界定为：在同一个环境中的人们（即某一群体中的人们）所具有的“共同的心理程序”。因此，文化不是一种个体特征，而是具有相同或类似的社会经验、受过相同或类似的观念教育的许多人所共有的心理程序。其文化要素涵盖了认识体系、规范体系、社会关系及社会组织、物质产品、语言和非语言符号。

不同的国家或地区、民族的人们，由于他们所在的地域与背景、所受的教育、所处的生活与工作环境等存在不同，使得他们的心理程序存有差异，从而产生不同的思维方式与习俗。可见，文化差异是指因地域、背景、习俗等所形成的该地域人们所特有的文化异同而产生的差异。这些差异会表现在价值观、宗教信仰、生活习俗等方面。我们与这些有着明显文化差异的人们所进行的沟通就是跨文化沟通。

【案例说明】　高明的船长（借此强调尊重文化差异的作用）

有一批来自不同国家的贸易代表，应某国邀请，坐上豪华游轮，一边旅游一边洽谈商务。

没想到，船开出大海不久，竟然因机器部件过热发生爆炸，致使船舱进水，船开始慢慢下沉。船长让大副通知所有乘客，尽快穿上救生衣跳到海里去等待救援。可是这些贸易代表拒绝这一做法，即使大副用威胁强迫的口气命令他们，也无法说服这些伶牙俐齿的贸易代表。

船长没办法，亲自来到船舱说服各国代表。只见船长逐个到他们的身边，简单的几句话就让各国贸易代表乖乖穿上救生衣跳到海里，等待救援。

事情过去后，大副带着好奇，专门找船长问：“您是怎样说服他们的？”

船长微微一笑说：“没什么，我就是顺着他们的心理去说而已。我对英国人说，跳水绝对有益健康，不用担心；对德国人说，我是船长，这是我的命令；对法国人说，获救时会上电视，这是一个好机会；对俄国人说，这是伟大革命的时刻；对美国人说……”

“对美国人说什么啦？”大副着急地问。

船长笑了笑说：“我跟他们说，上船前，我为他们买了高额保险。”

知识链接

即使是环境相同的人，其思维方式也可能存在不同。

一户人家有三个儿子，他们从小生活在父母无休止的争吵当中，他们的妈妈经常被爸爸打得遍体鳞伤。老大想：妈妈太可怜了！我以后要对老婆好点。老二想：结婚太没意思了，我长大了一定不结婚！老三想：原来，老公是可以这样打老婆的哦！

我们一起来看看下列因素是否是这种文化差异性的主要表现。

文化差异性的表现

● 价值观念

价值观念主要指人们对社会生活中各种事情的态度、评价与看法。表现为人们的思维与生活方式，以及对人对事的态度与方法。具体包括以下内容。

○ 年龄观念上。如，东方文化强调“尊老”，突出表现在用人上，多强调“论资排辈”；而西方文化强调“尊重青年”。

○ 时间观念上。中国老人往往时间观念较强，而年轻人则相对淡薄；在国际上，美国人、德国人时间观念很强，而巴西人、法国人则往往很差。

○ 自我观念上。东方文化主张的是“无我”的精神信念，强调克制“个性”；西方文化倡导竞争精神，强调“自我的中心地位”，表现出张扬和独立。在这点上，从听到别人赞美时美国人和中国人的不同表现可以看出：美国人表现出十分受用并致谢；中国人则往往表示出不好意思，受之有愧。

○ 成就观念上。东方文化的成就观侧重于集体智慧的实现，注重的是人情的一团和气，是一种“守业”的观念；西方文化则侧重于自我价值的实现，注重创新、务实，是一种“创业”的观念。在这点上，中国的年轻人也逐步呈现出这种创新、务实的倾向。

○ 性格特征方面。中国人十分讲究人情味，美国人公私分明重效率，英国人做事讲究规矩，法国人注重细节，日本人重视集体（公司与团队等）。

【案例说明】　道歉时该不该笑

某美国医疗器械公司驻中国某地区办事处的经理小周，因前不久在工作中出现差错，想借该公司总经理乔治来中国之机向他致歉。在得到允许后，小周进入乔治在中国的临时办公室，还没开口就赔上笑脸，并诚心诚意地带着微笑致歉。致歉后，乔治满脸疑惑，问道：“你真的觉得做错了吗？”“我是真心地觉得我错了！我保证。”这时小周的笑脸更加灿烂。乔治说：“对不起，我无法接受你的道歉，我看不出你有什么不安。”小周着急了，更迫切地希望乔治能明白自己的诚意，强作笑脸说：“相信我，我真的知道做错了，我一定改进！”乔治反而更生气了，“如果你觉得错了，又真的很难过，你又怎么还笑得出来呢？”

● 宗教信仰

不同的宗教信仰有着不同的文化取向与戒律，这会影响到人们认识事物的方法论、价值观念与行为准则。这里特别强调，宗教信仰问题是一个十分严肃的问题，必须给予高度重视。其关键点是彼此理解与尊重。

【案例说明】　敬畏佛像的泰国

一家外国电讯公司欲在泰国曼谷设立一家分公司，公司经理看中了一处房价适中、交通便利且游人众多的地段中的一栋楼，准备下定金时，有知情者告诉经理，在这里开业做生意不太好。多次追问，才说出其中缘由，说这栋楼的对面有一尊如来佛像，而大楼的高度明显高于如来佛像两层，这在当地是犯忌的，人们是不会与这里的公司做生意的。经理不信，认为公司的业务一直很好，调研的结果也十分理想，不予理睬，如期装修开业。几年来，这家公司的业务果然如知情者所言十分冷清，最后不得不重新易地开业，生意才慢慢好起来。

原来，泰国是一个十分信仰佛教的国家。没有尊重当地人对佛像的信仰与敬畏，等同于不尊重当地人，甚至伤害当地人的情感，当然就不愿意与之有生意往来。

● **审美观**

审美观是指人们对事物的好坏、美丑、善恶的评价。文化背景的不同，其审美标准也不尽相同。在这点上，可以直观地从各个国家与地区的人们对影视界明星的容貌美丑、肤色黑白的偏爱中看出。

【案例说明】 **吴宇森与监制**

吴宇森拍摄《变脸》的最后阶段时发生了这么一件事：影片结尾，吴宇森准备安排将尼古拉斯·屈伏塔的小孩带回家，但监制不同意他这样拍，说男主角回来就行了，不要把敌人的小孩带回家里。吴宇森说这个小孩需要有人照顾，虽然是敌人的孩子，也应该有人照顾。监制说西方观众不会接受，但吴宇森坚持要拍。监制最后说，他们两人来自不同的文化，观念不同，但必须听他的，不能拍。

片子拍完后，制片公司做了一次试演（在好莱坞影片正式上映前，有小范围试演的惯例，借此了解观众对影片的大致看法），影片的结局就是没有带小孩回家的。收回的观众问卷调查中，有60%的观众都在问这小孩后来怎么了。制片公司的人立马找回吴宇森，向他当面道歉，说监制请他再补一段戏，让凯奇把小孩带回家。

吴宇森重新开机，补拍了这一段，再给观众试演时，观众给的分数从 60 多分变成了 90 多分。吴宇森后来回忆时深有感触地说："作为一个国际化的电影，最重要的是，要有人性共通的地方。"

● **风俗习惯**

这是人们在特定的环境下长期形成，并世代世袭的一种风俗，表现在饮食、服饰、婚丧、信仰、节日等方面。如，全世界千奇百怪的婚丧习惯；又如，将儿童独自长时间留在家里在中国是司空见惯的事情，但在美国则属不当行为。

【案例说明】

这是一则摘自美国文化人类学家罗杰·基辛《当代文化人类学》一书中的一个故事。

有一次，一位保加利亚籍的主妇招待美籍丈夫的朋友吃晚饭，客人中有位亚洲来的留学生。当客人把盘里的菜吃完后，这位主妇问亚洲留学生要不要再添一盘，在保加利亚，如果女主人没让客人吃饱的话，是件很丢脸的事。这位留学生接受了第二盘，紧接着又是第三盘；主人忧心忡忡地又回到厨房准备了一盘。结果，留学生在吃第四盘时竟因为吃得太饱而跌倒在地。因为，在这位留学生的国家里，宁可撑死也不能以吃不下去为由而侮辱女主人。

● **语言文字**

语言文字是文化的核心组成部分之一，不同的地域、不同的民族往往都有其独特的语言文字。上面引导案例 2 就是语言文字差异性的表现。

【案例说明】

华盛顿特派员大卫·柯华德（David Howard）上任后，引起了一阵骚动，因为他使用了"吝啬的" [niggardly，此字与 Nigger（"黑鬼"）同音]一词来描述当时整体预算的趋势。然而，却被一些非洲裔的评论家控诉，引发了一场无法收拾的种族中伤争论。最后，大卫·柯华德的拥护者当面郑重澄清，"吝啬"这个词，是从北欧语系衍生而来的，与种族中伤一点关系也没有。争议最终得以平息。

● **伦理道德**

不同的文化有着不同的价值观念与习俗，其相应的道德规范也会有所不同。如为确保合同顺利进行，付给经办人一笔钱，在某些国家被认为是"佣金"，但在美国则被认为是"行贿"。

【案例说明】 **波多黎各姑娘的遭遇**

有个十多岁的波多黎各姑娘就读于纽约的一所中学。有一天，校长怀疑她与另外的几位女学生吸烟，就把她们一一叫去问话。尽管这个姑娘平时表现不错，校长也没拿到真凭实据，但校长还是认定她做贼心虚，勒令其停学。他在报告中写道："她一直不敢正视我的眼睛，躲躲闪闪，显然是心虚，很可疑。"

确实，在校长查问过程中，这位姑娘的确一直注视着地板，没有看校长的眼睛。英美人有着这么一句格言："不要相信不敢正视你的人。"

好在，这时有一位出生于拉丁美洲家庭的教师，对波多黎各文化有一定了解，他同这个姑娘的父母谈话后，对校长解释：就波多黎各的习惯而言，"不看成人的眼睛"的行为"是尊敬和听话的表现"。校长才接受了这个解释，消除了误会，妥善地处理了这件事。

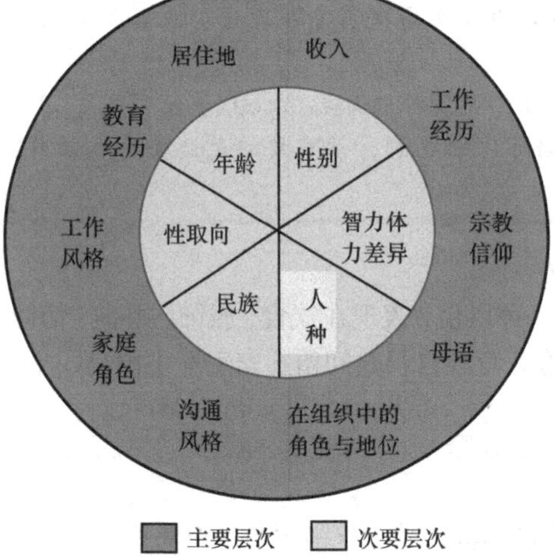

图 3-1 多元化的主要层次与次要层次

因此，当我们准备为老人服务时，必须全面了解老人的层次及内容，特别是他/她的文化背景（包括饮食、语言、习惯、行为方式、期望和想法）、宗教信仰及经历等（图 3-1）。

这里还要特别提醒的是：要避免根据他人的穿着、行为习惯、地方口音与背景，以及先入为主的直观判断来评判他人，如将你对老人的主观想法直观地套入服务中，他/她是北方人，就应该喜欢面食；又如，对发音不准、服饰老土者归为乡下人等。这样将会极大地妨碍彼此的沟通。

停下来想一想 ⟹ 你身边的新疆或其他少数民族的同学所表现出来的思维、行为、生活习惯与我们有哪些不同？与他们好好聊聊，找出不同点及原因，并在小组中一起分享。

知识链接

试图排外的文化是没有生命力的。

——圣雄甘地（印度）

为更好地与不同文化背景的人进行沟通，即跨文化沟通，必须掌握以下原则。

跨文化沟通的原则

● 尊重原则

尊重是进行跨文化沟通的根本基础。不同文化背景的人有着各自不同的风俗习惯、思维方式与宗教信仰。在沟通中，不能用自身的标准或规范来衡量另一种文化的好坏，应该尊重对方的文化，多从对方文化的角度思考问题并采取相应的策略。

● 平等原则

跨文化沟通应当在平等的基础上进行。文化没有优劣之分，存在彼此分歧乃至矛盾是不可避免的。双方参与者应该本着相互平等、求同存异的原则，才能消除误解、避免冲突、达成谅解。更不能将不同的文化视为异端，总想去征服或同化他们。

● 信任原则

沟通双方应该在相互理解与尊重对方文化的基础上，通过双方的广泛接触与了解来建立彼此的信任，促进共同学习与发展。

● 融合原则

在跨文化沟通中，应该从有利于沟通的角度出发，可以有选择地迎合属地文化，融入属地文化中，促进友好合作关系的建立。

● 适度原则

适度原则是指在跨文化沟通的过程中要把握好一个“度”，既不能完全固守本土文化，又不能放弃本土文化，要在本土文化和对方文化之间找到平衡点。想要无障碍的沟通，应当学会在欣赏、尊重本土文化的同时，理解并接纳其他文化。

知识链接

有学者将文化差异性用“SPEAKING”一词的八字母来分别表示其八个方面。

S：“setting”环境

即不同生活环境中成长起来的人，会形成自身的价值观、人生观，而这些必然会给沟通带来影响。如，日本特殊的自然地理环境形成了日本人拼搏、忍耐的性格特点与极强的危机意识。这种性格特点在沟通中的突出表现是喜欢用“努力”、“加油”和“忍耐”等词语。

P：“participant”参与者

参与者的年龄、性别、职业、地位等因素对沟通都会产生影响。如，在日本的敬语中，年龄长幼、地位高低的人所使用的敬语均有所不同，女性有女性的专门用语，这些需要我们在与日本人的交谈中加以注意，不然就会影响沟通效果。

E：“ends”目的

目的包括所期待的结果。在沟通中，每一句话都有一定的目的，信息传递者所期待的结果会因信息接收者不同的文化背景而存在障碍或无法实现。如，中国人做报告时开头喜欢说“没有准备，简单谈谈不成熟的想法”等，其目的是为了表示谦虚的态度；对不赞同的观点或不好办的事情，经常用“研究一下”、“以后再说”来拒绝或搪塞对方的要求，这些做法是长期受中庸文化影响的结果。但在西方人看来是不够自信或虚伪的做法。

A“act sequence”行为顺序

行为顺序包括信息的内容与表述方式。在合资企业，外国管理者经常会抱怨中国员工汇报工作时不分主次，总以强调原因、理由为主，而对结论吞吞吐吐。其实这是文化差异的表现。中国人对于承担责任比较敏感；出现问题时，习惯于解释原因，分明责任。

K：“key”基调

基调包括说话的语气、表情、动作等。诙谐的语气、幽默的表情有时可以令沟通更加愉快，起到良好的作用。从事推销的人员在与客户交谈时，保持微笑的表情，和蔼可亲的语调是成功的保证。例如，手势，其含义极为丰富。但由于文化的差异，同一种手势在不同国家和民族中的含义大相径庭。“OK”手势在中国被认为是肯定的意思；在日本人眼里代表钱；美国人认为是“好”；法国人认为是“零”或“一钱不值”；在保加利亚与比利时，这种手势是“你是个鳖”的意思；而在意大利南部的某些地区则表示“笨蛋”。

I：“instrumentalities”媒介

媒介主要是指信息传递使用的语言。语言差异是沟通的一大障碍。语言是人类所特有的用来表达思想、交流思想的工具，是文化的根本。每一种语言都有其特殊的文化内涵。日本人崇尚“以心传心”。因而含蓄、委婉、暧昧是日语表达的一大特色，也是日本人际交往文化的一种折射。日本人认为：含蓄、委婉是一种美德。含蓄的表达、婉转的拒绝、必要的省略是给说话人和听话人留有余地，维持和谐所必需的。

N:“norms”规则

规则主要指人们在沟通时的言语行为所必须遵循的各种规范。具体地说，就是参与者什么时候该说话，说的时候以什么方式说等。例如，日本人认为“沉默是金”，在沟通中经常是以倾听为主，很少发表意见。在中日交往时，我们千万不要认为对方没有反驳就是认同，不要认为不直接叙述观点就是没有想法等。

G:“genres”体裁

体裁指沟通活动中话语的类型，如诗歌、寓言、笑话、书信、评论等。沟通的形式除了一对一的口头沟通外，还有会议沟通与互相的书面沟通。

停下来想一想 ⟹ 以上所述的八个方面，你是否能再次感受到文化差异性所涉及内容的博大精深？根据 S（环境），谈谈中国人具有哪些性格特点与意识，是何原因造成？在全球化的今天，对 E（目的）、A（行为顺序）所涉及的中国人存在的问题，你认为该如何改善？在小组中分享，并形成小组要点，选派代表进行讲述。

老人的文化差异与有效沟通技能

动动手查一查 ⟹ 避开宗教信仰和风俗习惯，老人与我们相比，存在哪些文化差异？具体表现在哪些方面？查找出来在小组中分享。

停下来想一想 ⟹ 根据你查到的结果，为了避免可能因文化差异而造成沟通不畅或失败，你觉得该如何与老人进行沟通？

在学习这一知识之前，我们一起来思考这么一个问题：一个来自他乡的老人（记住：可能是港澳台或外国人士）在入住养老院时，他们要面对哪些问题？会有哪些顾虑与想法？

答案肯定是多方面的，也会是因人而异的。但最多的应该是：这个陌生的环境是怎样的？自己是否喜欢？这里是否有他/她熟悉的文化背景（特别是语言、生活习惯等），是否会适应？不适应又怎么办？有事又该怎么办等？

停下来想一想 ⟹ 想想你刚入学时的心理，有哪些担忧？有哪些期待？特别是有出国经历、又在外国遇到一些问题的同学，好好回忆一下当时身处他乡时的心境。在小组中将想到的心得或对策与其他同学分享。

通过设身处地的思考，你是否能理解到入住老人存在的文化差异问题。我们在接下来的服务中该怎么做才能实现有效沟通呢？下面重点介绍以下几个技能。

● **称呼**

由于各国、各民族语言不同，风俗习惯各异，社会制度不一，因而在称呼与姓名上差别很大。选择称呼时既要合乎常规，又要照顾被称呼者的风俗习惯，入乡随俗。选择正确、适当、正式、规范的称呼，可以反映出自身的文化教养、对对方的尊敬程度，甚至还体现着双方关系发展所达到的程度及社会风尚。如果称呼错了，不但会使对方不高兴，引起反感，甚至还会闹出笑话，影响双方关系。

○ 对国内老人，一般采用姓+头衔/职位/学位/职业/尊称等方式，是最符合国情的，如，称呼为张处长、刘教授、李博士、陈医生或谢爷爷等。在选择合适的尊称之前，要主动弄清老人的全名，以及他/她的一些背景资料，并牢记其全名（这是今后工作的需要）。

○ 在英语国家，他们的姓名排序与中国的习惯称呼是相反的，“名”在前，“姓”在后；最普通与常用的称谓是 Mr（先生）、Mrs（太太）、Miss（小姐）、Ms（女士），对老人用 Sir（先生）与 Madam（女士）尊称，以表示我们的尊敬。

○ 在西方国家的文化中，“老”意味着不中用，遭人嫌弃，因而切忌在称谓前面加上“老”字。

○ 要想得体、准确、亲切地称呼老人，最保险的方法是询问老人该如何称呼他/她。如，“我该如何称呼您？”“您希望我怎么称呼您？”

动动手查一查 ⟹ 看看在称呼方面，国内外的其他一些国家或地区（如日本、法国）有哪些不同？有哪些需要注意的地方？查找出来，在小组中分享。

● 语言与饮食

语言与饮食是人们最基础的生理需求，特别是对于正在安享晚年的老人来说更显重要。总体来说，在语言方面，老人因为感觉器官的退化可能存在一定的听力问题，这需要我们通过初次见面时的测试（如用正常语调称呼“爷爷或奶奶好！”）来确定老人的听力状态，切不可根据主观判断而采取大声说或靠近说的做法，这会引起老人的反感；在食品方面，老人一般都比较喜欢软一些的食物。同时，不同地区的老人一般有着各自的饮食习惯，如南方的老人喜欢米饭，北方的喜欢面食等。对这一问题，这里要强调几点。

○ 以适合老人为出发点。这要求我们要逐渐熟悉并选择适合老人的语言（包括语种、声调、讲话方式等）与饮食（包括类型、次数等）；同时，还要注意进行确定（如多次测试或主动询问）与调整（老人的身体状态会发生变化）。

○ 要第一时间了解老人希望或必须遵循的饮食习惯与要求。例如，是否为素食者（是每天要求素食，还是何时要求素食），是否是穆斯林人士（不吃猪肉和禁酒等，禁用左手提供食物），是否是糖尿病患者（限制糖量）等。

○ 要向老人提供明确的饮食供应方式、要求与规则，如，是否自己做饭？如何预定饮食？有何要求与规则等？

动动手查一查 ⟹ 对有基础疾病（如高血压、高血脂、糖尿病）的老人在饮食上有何禁忌和建议？分组查找出来，在小组中分享。

● 宗教与个人习惯

对宗教人士而言，宗教仪式是一项神圣不可侵犯的信仰活动，这是文化差异中必须高度注意并重视的事项之一。因此，要主动询问老人是否有宗教信仰？是否需要从事宗教活动？其宗教活动的方式与频率是怎样的？有何要求等？当其具体的要求与做法与平时的生活有冲突或影响时，要进行一定的协调，尽量做到既保证达到老人进行宗教活动的要求，又不影响到总体工作与他人的生活。

【案例说明】

张奶奶是某养老院的老人，因为每天要进行多次祈祷，经常影响到其他老人和一些活动，导致投诉不断。下面是管理人员王小姐与张奶奶的一番对话。

王小姐：“张奶奶好！您每天真诚的祈祷精神让人钦佩！您信奉的是哪个教？”

张奶奶：“是佛教，已经几十年了，这是我每天必须完成的功课。”

王小姐：“奶奶，在这里祈祷还可以吧？还有需要我帮忙的吗？”

张奶奶：“没事，挺好的！谢谢你。”

王小姐：“奶奶！我这里有个问题想与您沟通一下，您是否知道，您的祈祷已影响到其他人了？他们很有意见。您理解吗？”

张奶奶：“我知道，我也没办法，我不能没有祈祷。”

王小姐：“奶奶，我知道祈祷对您很重要。您可否告诉我，您的祈祷仪式有何要求？我们一起来想办法，让您既能专心祈祷，又不会影响到其他人，好吗？”

张奶奶：“这样当然好。”

随后，王小姐和张奶奶一起找到一个僻静、合适的地方，供张奶奶祈祷。解决了该问题。

对个人习惯问题，除上面提到的语言、饮食与宗教等外，还有个人卫生、服装、行为习惯（如是否午睡等），以及对一些问题的看法等。这些问题同样涉及面很广也很琐碎，这里就不再赘述。要特别强调的是，有效解决这些问题的关键在于你要主动询问、仔细观察并开展针对性服务。如，老人在洗澡、作息和出行方面有何要求与规律？在穿衣打扮与饮食上有何喜好？老人有问题或困难时常联系哪个家属？是否有一些物品不喜欢他人乱动？如何看待在异性面前脱衣服等？

停一停想一想 ⟹ 在与老人的沟通中，除上面要考虑的文化差异因素外，还有哪些需要我们注意的？怎么做才合适？在小组中分享。

动动手查一查 ⟹ 分组找出佛教、道教、伊斯兰教、天主教和基督教等宗教有哪些宗教仪式、要求及禁忌？在小组中分享。

跨文化沟通的一些建议

从上述内容可以看出，文化差异问题无处不在，跨文化沟通涉及的问题很多。在此，不可能面面俱到进行讲述。下面，提供一些有关跨文化沟通的建议，以便在实践中不断学习与提高。

○ 承认与尊重文化差异，以及承认自己对一些文化认识不足，学会评价与面对这些差异，并保持开放的心态，承认任何你不明白的文化差异问题。

○ 愿意与陌生人进行沟通并深入了解，反省自己在对待文化差异问题上的世俗观念与行为方式，在此基础上分析自己的感受，并有计划地逐步改变这种偏见。

○ 谨慎探索文化差异，但也不要转弯抹角；在适当的时候使用开放性提问，主动询问文化差异问题，不要有顾虑；要用宽容的态度来接受其他文化。

○ 要意识到你自己的价值观与世界观也是由特定文化所决定的，老人同样如此。因此，不可将你的观念强加给服务的老人。

○ 清楚在服务过程的任何阶段均可能涉及有关文化差异的问题。

○ 老人不会奢望你理解他们的文化信仰，你只能仔细观察与探索并开展针对性服务。

○ 提高对文化差异问题的认识，有助于你正确评价老人的行为习惯，改善与老人的关系，提高为他们服务的质量。

○ 找出你与老人之间在观念及期待方面的相似之处，并尽可能按照其相似性开展服务。

○ 根据地区与文化背景为老人选配服务人员是一项不错的举措，但不一定总是可取的。

○ 当老人因文化差异而表现出你认为十分怪异的行为举止时，除非觉得确实非常滑稽，切不可以笑，更不能在背后乱说乱传。

○ 要对以下方面的文化差异比较敏感

□ 非语言沟通方面，如是否握手、眼神交流等。

□ 语言沟通方面，如礼貌的习俗、称谓与谈话方式等。

○ 要想提高跨文化沟通的能力，只有不断获取这方面的新知识与新技能并通过实践来逐渐积累与提高。

【实操训练】

实训一　文化差异信息的获取

目标——

提升对文化差异的认识，并了解更多的有关文化差异的信息；进一步提高信息的获取与传递的能力。

要求——

相对独立、安静的课室。

纸、笔、电脑、网络。

查阅内容：中国 56 个民族与西方国家的文化内容。

实训说明——

1. 时间安排（表 3-1）

表 3-1　时间安排

活动内容	预计时间
活动介绍	5 分钟
资料查阅并汇总	1 天
分组并按要求开展活动	25 分钟
小组总结并分享	10 分钟

2. 规则

第一步：两人一组，每组成员选择一个内容，查阅并汇总相关资料。

第二步：每个成员围绕着文化差异的几个方面（价值观念、宗教信仰、审美观、风俗习惯、语言文字与伦理道德）轮换向对方询问，获取并记录对方的信息，最后向对方复述。

第三步：双方共同分析彼此所获得信息的完整性与准确性，并进行书面归纳总结。

第四步：在班里分享。

分组名单与选择的内容：

所查阅资料的内容：

询问对方的内容：

对方复述内容存在的不足：

总结与体会要点：

实训二　看电影　谈感受

目标——

进一步提升对文化差异的认识，提高自己的识辨能力与书写能力。

要求——

纸、笔、电脑、网络。

电影《刮痧》。

实训说明——

1. 时间安排（表 3-2）

表 3-2　时间安排

活动内容	预计时间
观看电影并写观后感	3 天
小组总结并分享	40 分钟

2. 实训规则

第一步：观看电影《刮痧》，并就其中存在的有关文化差异的问题写成观后感。

第二步：选择 3～5 篇美文在班里一起分享，并做点评。

作文题目： **正文：**

收获与体会要点：

【案例分析】

用书面形式独立完成以下案例分析：

迈克是一名 65 岁的新西兰人，他的时间观念很强。一次有个养老院的主管与他约好在某宾馆会议室商谈养老院建设规划问题。主管因路中遇到塞车，迟到半个多小时。当主管满头大汗匆匆赶到时，迈克却没有与主管商谈规划问题，反而起身离开会议室。迈克的助理知道迈克就是这样对待迟到者的。但因该建设规划问题涉及面很广，迈克明天又要回国，处于两难地步。

问题：你如果是主管（或主管助理）该怎么办？谈谈看法。

具体做法：

第四章　不同场景下与老人沟通的技能与要点

【学习要点】

◆ 识记：与老人通信沟通的技能与要点；接待参观考察与准备入住老人，以及拜访居家老人的沟通技能与要点。

◆ 理解：各类通信方式的特点；接待参观考察与准备入住老人的“四大核心”；接待入住老人的沟通技能与要点。

◆ 运用：老人通信沟通的技能与要点；接待参观考察与准备入住老人，以及拜访居家老人的沟通技能与要点。

【引导案例】

某养老机构服务人员小周早早就等候在机构门口，当看到一位容貌端庄、举止文雅的老人在其家属的搀扶下下车时，立即面带微笑迎接上去，一边协助搀扶着老人，一边关切地问道：“您是罗阿姨吧！我是与您联系过的小周，终于把您盼来了！确定住下了吧？”老人看了看小周，“你就是小周啊？谢谢你啊！你那么细心，给我发了那么多有用的微信，还教会我那个手指操！我在想，你们单位有你这样的员工肯定错不了。所以，我就来了！住下了！”小周：“太感谢您了！阿姨！这样，您先在休息室休息一下，我去帮您办手续。”老人笑眯眯地坐在休息室等待，小周与其家人到前台办手续。不一会，小周手里拿着一些资料走过来，笑对着老人说：“阿姨！还是按照我们的约定，住在您看中的、我们预留给您的333房，可以吧？”老人用慈爱的眼光看着小周，开心地点点头。“阿姨！接下来要请您到我们的保健院做个简单的体检与评估，好吗？您是否需要再休息一下呢？”老人摇摇头：“没事！走吧！”“阿姨的身体真棒！”就这样，小周搀扶着罗阿姨……

案例点评：

这里展现的是养老机构中与老人沟通的众多场景中的一个（接待老人入住）。通过该场景中对话的内容，我们也不难看出其他的一些场景，如微信、前台、住处等。由于每个场景的工作内容与要求均有所不同，因此，我们有必要来学习其中的一些技能与要点。

停下来想一想 ⟹ 你肯定有过在家里接待老人（不管是邻居，还是亲戚）的经历，你是怎样做的？如何做得更好？说出来与大家分享。

动动手查一查 ⟹ 复习前面学到的有关与老人沟通的知识与技能，看看哪些技能适合应用于上面提到的场景，各自写出来，在小组内分享。

知识链接

容貌、态度、进退、趋行，由礼则雅，不由礼则夷固僻违、庸众而野。故人无礼则不生，事无礼则不成，国无礼则不宁。

——荀子·修身（战国时期赵国）

与老人通信沟通的技能与要点

通信是指人们利用一定的工具传递消息或音讯，达到信息的传递与情感的沟通的目的。目前被人们所广泛使用的通信手段，已从原有的电话，发展到新媒体（如微信、短信、微博）等。养老机构为了加强对外的交流与宣传，同样会设立专门电话、邮箱，以及微信公众号与（或）微博平台等；

现在的老人也“很潮”，同样会应用新媒体等手段来进行咨询与沟通。当然，对于尚不会使用的老人，我们也有责任来教会他们，让他们与时代同步，并丰富他们的生活。

通信交流，同样涉及语言沟通（如网络电话、视频电话等）与书面沟通（如电子邮件、短信、微信、微博等）。由于通信交流具有迅速快捷、自主随意、人人平等、节约成本但又缺乏制约等特点。因此，提醒我们，在应用通信交流时要特别谨慎与认真，因为你的电话可能会被录音而长期存留，你在新媒体里面发表的内容可能会被保存，而且也可能很快被转发而在全社会传播等。

停下来想一想 ⟹ 你是否有过因你在微信上发布一些内容而引起不愉快的经历，有哪些经验教训？说出来与大家分享。

知识链接

有一天，美国微软公司总裁比尔·盖茨到西雅图的一家餐厅进餐。进门时，一个流浪汉伸手向他要钱，盖茨随手给了他 10 美元。有趣的是，流浪汉竟然将他的 E-mail 地址给了盖茨。这让盖茨大吃一惊：“这是什么世界？流浪汉也有 E-mail 地址？”后来发现，流浪汉的 E-mail 地址是收容所配的。

● 有效接听老人电话的技能与要点

当前，固定电话或手机已经成为个人、家庭，以及单位与外界沟通的必备设施，我们几乎每天都在打（接）电话。作为一家养老机构的员工，应该学会如何有效地接听老人的电话。

停下来想一想 ⟹ 接听电话前你是否要在心理、物品、资料等方面做些准备？如何做到热情有序、有礼有节、有头有尾？在小组中分享。

动动手查一查 ⟹ 在日常生活中，接听电话有哪些基本要求与注意要点？以作业形式独立完成并上交。

下面我们着重讲述在接听电话时必须注意的一些技能与要点。

○ 必须做好三项准备。心理准备：做到好心情、有热情、不分心。避免接听电话时出现冷漠或心不在焉而被老人所察觉而显得不礼貌；资料准备：准备好机构内部那些可能被咨询到的资料；物品准备：准备好笔和留言本，以备记录留言。同时，要将电话放在方便取放的位置，以便及时接听。

○ 把握好接听时间。最好控制在铃声三响以内接听，以显示我们的到位与热情，以及对老人的尊重。

○ 接听时要主动问候，自报部门并介绍自己。如，“您好！这里是……，我是……，请问有什么能够帮到您？”同时，礼貌询问对方的称呼，如，“请问该如何称呼您呢？”等（复习第三章提到的有关称呼内容）。

○ 调整语音语速，并确认老人能听清楚。接听时，除要集中精神听老人讲话外，可以在开始时按一般情况将嘴与话筒保持在 4 厘米左右的距离，并适当放慢语速，略提高声音，再通过提问来确认老人是否听清楚，调整后保持。

○ 及时应答，服务到位。对老人提出的问题要及时准确的作答，对比较复杂或烦琐的问题，要考虑到老人的心理、精神与状况，可以采取先讲述重点要点，后提供（发送或寄）相应资料的方式，确保老人能全面了解；如遇到超越自己权限或自己一时解答不了的问题，要做一定解释并请老人留下联系方式，以便及时给予回复。

○ 有礼有节，善始善终。在接听电话的整个过程中，保持礼貌礼节是最基本的要求。当老人提出过分的要求或过激语言时，要注意保持冷静与礼貌，千万别发生冲突，因为这样可能会引起老人的情绪变化而导致其他问题的发生（复习第二章的有关内容）。这时你可以这样：“您好！不好意思，我们目前尚未开展此项业务（或这样的做法），暂时不能满足您的要求，还请您多多谅解！希望下次可以帮到您。”

要注重通话过程的有始有终。即在解答完老人提出的问题后，还要询问老人是否有其他事情，如，“爷爷，您还有其他问题吗？”在结束通话前要感谢老人的来电，并礼貌结束对话。如：“非常感谢您的来电，祝您身体健康！再见！”

○ 记录准确，内容全面。对需要留言或转交给他人的事情，要及时准确地在记录本上记录，并做好交接工作。记录内容包括：谁的留言？（老人的姓名、电话，以方便回复）；给谁的留言？（具体涉及的部门或负责人，以方便转达）；留言与回复时间（记录留言时间与老人要求或约定回复的时间）；留言的内容（老人提出的相关问题与要求及注意点，要做到有条理、清晰，方便及时解决）；你的签名（有助于他人及时找你弄清不明白的地方）。

知识链接

接听电话的常用语

✧ 您好！这里是×××养老机构，我是×××，请问有什么能够帮助您？
✧ 请问我能为您做些什么？
✧ 请问您今年高寿？
✧ 您以前了解过我们机构吗？有没有亲属或朋友入住我们这里？
✧ 您有几个子女？您有医保吗？
✧ 我们这里的护理级别大体分为三种，具体是……您想选择哪一种呢？我们的费用大概是……
✧ 请问您能否预约个时间，过来实地考察一下吗？
✧ 请留下您的联系电话，我们会尽快给您答复好吗？
✧ 不用谢，这是我们应该做的。
✧ 期待能再次听到您的声音，敬祝安康！再见！

● 应用新媒体（如电子邮件、短信、微信、微博）与老人沟通的技能与要点

停下来想一想 ⟹ 你有网购的经历吗？你是如何与店家沟通的呢？店家与你沟通时使用的语句与态度对你的购物是否有影响吗？在小组中分享，从中得出正确使用微信的要求与注意点。

知识链接

一则报道

有人在网上做这样的一份调查：“你们家的老爷子、老太太用的是智能手机吗？”结果显示：用智能手机的占65%。“您家里的老人是怎样使用智能手机的？”答：“我教她看新闻、发微信和打电话，她就用这几个功能，别的不会的她也不碰，有问题就等我去给她解决。家里连着无线网，她就和我发微信玩，现在下载新表情啥的都不用我教。每天一无聊就和我拼表情，有些她没有的表情还急着要呢。”这说明现在老人的生活方式也与时俱进了，手机的许多功能不再是年轻人的专用品，也正在悄悄地改变着老人的生活方式与人际沟通能力。

在学习技能与要点之前，我们来看看这些新媒体的特点及作用。

电子邮件：具有传播速度快、有广泛的交流对象、信息多样化（可以传递信件、单据、资料等信息）及大容量等特点，属于比较正式的沟通方式。它与书信一样有比较规范的格式与要求，特别是要求有抬头（尊称）和结尾（署名）、主题要清晰、语言要简明、准确、得当等。主要用于传递正式文档与资料。

短信、微信、微博：具有明显的及时性、短小性、灵活性、综合性与趣味性等特点，摈弃了电子邮件、书信所要求的高大上全等问题，特别适用于日常生活的细小沟通、情感传送等。主要用于日常情感交流、提醒、及时应答、传送短小信息（文件）等。

接下来，我们针对新媒体的特点，来看看在应用过程中必须注意的一些技能和要点（其他如称谓、礼貌礼节、行文规范等方面不作讲述）。

○ 回复要及时。这是体现对老人的尊重，以及有效排解老人困难的需要。特别是用即时沟通软件（短信、微信、微博）与老人的沟通时。如果我们半天没回应，会影响到老人的心情，或者让老人误解为我们在怠慢或忽视他们。当然，我们不可能全天候作及时回复，下面的一些建议可能有助于解决这一问题：一是及时礼貌地做出说明。如，你实在很忙，不妨客气地回复老人："张阿姨！对不起，我现在比较忙，忙完立即回复您，请理解。"二是应用软件功能，设置自动应答。可以将日常的一些常见问题的回复内容保存起来，通过设置快速回复键或设置"自动回复"来应答（要注意应答内容的通用性与针对性，当然如能在自动回复中加上自己的一些针对性或个性化的话语，效果会更好），这可以有效节省时间；三是主动预约回复时间。对熟悉或属于你服务的老人，对他们的一些一般事情，可以采取专门约定一个时间段进行沟通。当然，对老人紧急的、特别的事情仍然必须做到及时回复，因为，老人无小事，有些事情可能存在危及老人安全的问题，必须慎重与负责。

○ 重视个性化。即时沟通软件的及时性与灵活性，使得我们的回复会在我们不经意中发送并马上被老人所接收，甚至执行。所以，在使用时要注意老人的个性化问题。特别是对可能涉及老人心理、身体健康问题的应答更要特别注意（如某药物现在是否可以用？我的某某东西不见了，怎么办？等等），切不可凭常理或臆断给予回复。我们可以采取以下措施来做到个性化：一是最好做到通讯录上的名字用全称（包括电话通讯录，QQ 号、微信、微博等上面的名字），确保回复时能对号入座；二是可以做一些备注（特别是近期极可能找你或有比较重要问题的老人），便于及时看到；三是尽可能记住老人的一些主要信息（特别是性格特点、主要病史与用药史等。复习第二章相关内容）。重视个性化问题既可更好地融洽与老人的关系，提高我们的服务质量，又可避免意外问题的发生。

○ 语言要生动，应答有热情。在现实生活中，由于老人的生活相对比较孤独，他们找我们有时不仅是要解决一些问题，还存在寻求解闷的因素在内。而通信交流的时空性导致我们在交流时只能看到彼此的文字，无法看到对方的表情与行为（当然视频聊天除外）。因此，为达到既解决老人的问题，又可满足老人需求的目的，我们在网络沟通的过程中，要尽量做到语言生动，应答热情（即使老人不存在寻求解闷因素，也可达到调整老人心境的效果）。在这方面，我们除了使用平时经常使用的生动有温度的词语外（如，您太有才啦！您这样做简直太对了等），还可以通过巧用感叹词，适当使用较为直观的聊天表情（目前许多即时沟通工具中都有许多聊天表情库）来达到此目的。当然，在使用聊天表情时，要注意与聊天主题相匹配，以及适可而止；对第一次使用的表情可做适当说明，让老人理解，如老人感兴趣也可教会他们使用，让他们的生活也多彩起来。在巧用感叹词方面，希望下面简单的例子能对你起到抛砖引玉的作用："哟！您做到了！太棒啦！""嗯！老爷子！您的方法真好！就这么办哦！"

○ 多鼓励与赞美，注意尊重隐私。无论是采取何种通信手段与老人进行沟通，及时准确地给予老人更多的鼓励与赞美是十分必要与重要的，会对老人的身心健康起到积极的作用。其实，在我们上面所举的巧用感叹词的例子中，同样包含着鼓励与赞美。

在尊重隐私方面，要时刻记住通信网络的缺乏制约性，你的网络信息可能随时被他人看到并/或传播。所以，不但不能将老人的个人信息及私聊的信息内容随意转发或公开，还要及时将老人不愿被他人看到的信息删除，切实保护老人的隐私权。

停下来想一想 ⟹ 除上面提到的应用新媒体沟通的技能要点外，是否还有其他要点？在小组中分享。

停下来查一查 ⟹ 独立查找出电子邮件的行文格式与要求，在小组中分享。

【案例说明】

以微信沟通为例，借此强调在新媒体沟通中的技能与要点。

某养老机构人员小邱，是刘爷爷的管家。有一天，小邱轮休外出当志愿者。当她在为另一个居家老人喂饭时，突然接到刘爷爷的微信："小邱，我有事找你。能到我房间来一下吗？"因没有太多时间询问刘爷爷有何事，加上饭很快就喂完，小邱使用回复快捷键回复了微信："爷爷！对不起！我现在在忙，忙完后立即回复您，么么哒！"在安顿好老人后，小邱给刘爷爷微信："爷爷！（笑脸表情）请您老指示！（刘爷爷平时喜欢这样微信）"（及时回复，采取爷爷喜欢的个性化风格）刘爷爷发回三个"哭脸表情"，小邱急了，微信"爷爷！怎么了？请告诉我，我来帮您！"爷爷微信"你现在能过来吗？"小邱微信"伟大的爷爷！我在外面哪，能告诉我发生什么事吗？"爷爷微信"（哭脸表情），我的钱包不见了！"小邱即刻回复"爷爷，别着急，您的记性一直是最好的！我虽然还不能回去，但我们可以一起来回忆一下，也许能帮您找回钱包。"（赞美老人，让老人冷静）继续微信"您今天有外出吗？""没有。""昨天看过钱包吗？""也没有。"……一直在回忆中。突然，小邱微信"爷爷！您到藏宝洞里找过吗？""藏宝洞？"（老人忘记了。）"就是您上次的那个伟大的建议，只有我俩知道的那个藏宝的地方啊。"老人微信"哦！对了，但我忘记在哪了？"小邱微信"您这么好的记性还会忘！是考我的吧？就在您左边床头柜最底层的最里面，是吗？"（没有说穿老人，还赞美老人）过一会，老人微信"（三个笑脸表情）找到啰！谢谢你，小邱。"小邱微信"（调皮表情）爷爷真伟大！您对我的考核满意吗？"（赞美并引开老人尴尬的话题）……紧接着，小邱将钱包藏放地点的微信内容删除（保护老人隐私）。

知识链接

为保持必要的书面凭证，除当面沟通或电话外，必须辅以书面文件或邮件来作为重要的沟通证明。

接下来，我们进入另一个场景——接待参观考察或准备入住老人的场景，看看有哪些主要的沟通技能与要点。

接待参观考察与入住老人的沟通技能与要点

在学习之前，我们一起来回顾一下我们经历过的场景。例如，今晚你家里有重要客人来访，你是否会对家里的环境与氛围，以及自己的装扮做一定的准备？

停下来想一想 ⟹ 你是如何进行环境的准备及氛围的营造的？你会对自己的仪容仪表做哪些准备？以便给客人留下好印象。在小组中分享。

无论是接待参观考察还是准备入住的老人，其主要工作均会在机构的前台大厅进行。因此，我们就从这个地方开始学习。

养老机构前台大厅是一家养老机构的门面，是老人及其家属最先接触并洽谈工作的主要场所，也是他们感受整个机构人文环境的窗口。所以，前台的接待工作与环境布置对养老机构工作的开展起到非常重要的作用。

前台服务人员的行为举止是否得当？态度是否友善热情？行为是否专业到位等？都会影响到

老人的决定与情感，特别是对那些尚有观望态度的老人。因此，服务人员用开心的笑容、热情的服务、专业的形象来服务客人就显得格外重要。

同时，在环境的布置上要体现人文关怀的理念，布置应如居家般的温馨舒适，让每一个到访者都能感受到居家般的和谐与温情。具体包括：灯光是柔和的、背景音乐是轻松愉悦的；客人临时休息等候间是温暖舒适的，家具家居摆放是整齐有序、卫生干净的，四周装饰的绿色植物与花草是得当的等。

知识链接

老人入住“八个一”

一个热情的问候	一个亲切的称呼
一张真诚的笑脸	一张整洁的病床
一杯温热的开水	一次耐心周到的入院介绍
一次准确规范的入院评估	一次详细全面的健康宣教

为保证工作到位，这里为大家推荐“四大核心”要点。

○ 发心与真心。这不单是养老机构职场的需要，更是承担着“为天下人尽孝”这一社会责任的根本所在；我们对每一位老人必须有着发自内心的尊重与爱护，表现出“不是亲人，胜过亲人”的热情，给予老人“家”的感觉。

○ 爱心与细心。爱心就是要对每一个老人表达友善与感恩。因为友善可以让老人舒适，感恩可以让老人心生善意。通过爱心，我们对工作的热情与态度就有了动力之源，就能持续保持沉稳的积极心态来对待每项工作；通过爱心，我们与老人之间就会产生相容相吸的磁场，心灵就会很快拉近，就有了共同面对困难、相互体谅的精神基础。细心就是要事无巨细地将必须交代的事项交代清楚，不留死角；就是要将必须提醒的事项落到实处；就是要将应该签订或记录的文本严格执行。

○ 微笑与倾听。根据老人的特点，采取微笑服务，给予老人朝气与活力是永恒的服务主题。接待时尽可能让老人畅所欲言，并认真倾听与互动，是有效了解老人的情况与要求、有效获得老人信任、解除老人顾虑与存在问题的有效方法（复习第一章有关聆听的内容）。

○ 观察与记录。请大家再次回顾一下第三章学到的有关文化差异性的内容。为有效解决这些差异带来的问题，认真观察与记录，并及时汇总、提醒与沟通显得十分重要。这里的观察与记录，不单是负责人员要做，其他人员同样必须做；也不单要观察与记录机构规定的固定内容，更重要的是还要观察与记录老人生活的点点滴滴。只有通过全体人员的共同观察与记录，再通过汇总与梳理，才可形成每位老人的全面详细档案资料，最后通过针对性、个性化的服务与沟通，才能彻底解决老人可能存在的问题，给予贴心的服务。

还要特别提醒：入住老人的满意度与幸福度是机构经营能否成功的关键。

知识链接

一些机构规定的固定记录的内容与要求

来访客人登记表——来访的客人有咨询的、考察的、学习的、亲友探望的等，记录本要注明来访人姓名，联系电话，到访时间、离开时间、来访事由等。

老人出入登记表——要记录老人姓名、所住房号、外出事由，外出时间，返回时间、联系方式等，确保了解老人的行踪规律。

来电咨询记录本——需要注明来电人姓名、来电时间、联系电话、来电事由，处理建议等，确保所有来电得到有效使用或处理。

入住老人需求记录本——需要注明老人姓名、所住房号、需求内容、处理建议、处理结果反馈等。确保迅速有效地满足老人提出的合理需求，完善各项服务内容。

记录本应为硬皮本，并标有页码顺序，可以保证连续记录，且不可更改的记录。

动动手查一查 ⟹ 具体要如何做才能让老人有“宾至如归”的感觉，才能让他们接纳与信任我们？查找出来，在小组中分享。

下面我们来学习这两种场景下的一些沟通技能与要点。

● 接待参观考察老人的一些沟通技能与要点

○ 主动相迎，热情周到。应按预约时间提早到门外迎候，让老人有一种被重视、被尊重的感觉；服务时除常规的礼貌礼节外，可以充分发挥语言魅力开展服务（如，“张爷爷！您好！我们已恭候多时，请跟我来……”“您来的路上顺利吗？辛苦了！”“您口渴吗？先喝点东西吧，您要什么饮料？喝茶还是咖啡？”等）；同时，给予老人及其家属得当、直接的称谓，以及针对其兴趣爱好开展服务也将会有意想不到的收获（如，“李教授！您上次给我发送的关于养生的微信太有用了，我试了一下，效果很好！谢谢您！”“刘主任！这是您喜欢的奶茶，希望能有您自己调配出来的味道，达到您的要求。”

○ 精心策划，安排得当，并及时准确地回应提出的问题。必须提前根据前期对老人及其家属的了解，针对其需求与顾虑来设计参观路线，并实事求是的对相关问题做出回应。在这方面，真心、真诚、真实是做好该工作的根本要求。

○ 及时主动向客人提供机构的相关资讯、入住要求与规定，以及联系方式，为下一步工作做好铺垫。

○ 客人离开后，要进行跟踪或回访。特别是要在估计客人到家后，致电问候是否顺利到家？对接待中存在的不足致歉等。

知识链接

接待人员的常用语

您好！我是×××，在这儿恭候您多时啦！

请问怎样称呼您？

这是我们机构的简介，请您先看一下。

我们这里的设施配置有……，我能带您去看看吗？

这是我们的单人间，里面有……，这是我们的双人间，……。

我们还开设了几款新的养老服务产品，现在您看到的是……。

您对护理服务有哪些需求？我们的护理等级分为……，费用大概是……。

请问您现在方便让我带您参观一下吗？

您看到的房型和设施是否满意呢？有需要我们完善或改进的地方吗？

这是我们的合约，以及入住时需要的清单，请好好看看，有不清楚的可随时问我。

谢谢您今天能抽时间过来指导，欢迎您下次光临！祝一路顺利！

● 接待入住老人的一些沟通技能与要点

从上一章节我们可以看到，老人入住养老机构要面对很多实际问题及克服不少困难，也肯定存在许多担心与忧虑。因此，如何与老人一道共同面对存在的问题并有效排解这些问题，让入住老人找到“家”的感觉显得十分重要。在这里，同样仅强调主要要点，其他方面请自学。

○ 严格按流程与要求进行。在入住手续中，有许多方面是刚性的，要求老人及其家属在知晓的前提下确认签名（如合约条文、费用等）。所以，必须认真按流程逐项执行，对涉及人身安全、收费等关键问题要讲透不讲漏，以避免发生纠纷。

下面提供一些常用语作为参考，望能举一反三。

“这是老人入住时需要签署的合同，请您认真过目好吗？”

“请问有没有不明白的问题？”

"这是我院的服务内容、房间配置与收费标准，请您看看，有问题吗？"

"您好！您刚问到有关缴费的问题，我跟您说明一下，我们院是根据老人入住选择的房间、护理级别来收费的，实行先缴后住的方式。入住首月按实际天数收费，以后于每月 25 日前缴纳下月费用。15 日（含）前离院者按半月收费，15 日后离院者按全月收费。"

"如果没有疑问的话，我们可以签署合同了吗？"

"请在这里签字，谢谢!"

……

○ 确认主要直系亲属或委托人并留下准确信息。为确保老人入住期间有事能快速联系到直系亲属或委托人，必须留下他们的准确信息（最好留多个委托人，以直系亲属为主；具体信息包括与老人的关系、工作单位、住址、联系方式等）。

下面提供一些常用语作为参考。

"李奶奶！按照规定，为保证您入住期间一些事务顺利的开展，请您提供 1～2 名委托人（直系亲属），好吗？"

"您确定您的儿子与侄子作为您的第一、第二委托人吗？现在我们要记录一些他们的信息，他们的工作单位是……，住址是……，联系电话是……，谢谢您！"

"就是这两位先生吧！您们请过来一下，我们有一些事情要打扰二位，请见谅。"

"奶奶！您的儿子今天没有过来，请您等一下告诉他这件事，我们再联系他，有些事情需要他的帮助，好吗？"

"您是李奶奶的……，叫……吧。请您确认一下您的工作单位、家庭住址、联系方式及电话，好吗？"

"老人住这里，我们会按照规定为老人做好各项服务，请您放心！也希望您能多过来，这样既可以多看看她，我们又可以就老人的问题多进行沟通。"

"有些注意事项要跟您交代一下。万一老人入住后，如果发现如患有传染病、精神病或者不适合这里的生活等情况，我们会第一时间通知您，根据我们的规定需要请您接老人回去，您同意吗？"

"当然，不论在任何情况下，如老人遇到有生活等方面的问题，我们也会及时联系您，请您协助我们做好相应工作，您同意吗？"

……

"这是家属须知，请您仔细看看，如果没意见的话，请在这里签字好吗？谢谢您的配合。"

……

○ 带领老人及其家属熟悉机构环境，特别要详细介绍与老人生活息息相关的内容。老人入住后，生活就在这里展开，根据个性化服务的要求，我们要进行针对性的介绍。

下面提供一些常用语作为参考。

"李奶奶！这里是工作人员办公室，今后您有事都可以来这里找他们帮忙。"

"您看，这里是电梯。""这边是防火楼梯。""那边是活动室与图书室，里面有您喜欢的手工坊，希望您能喜欢。""这是餐厅，您今后就在这里用餐，这里有您喜欢的饺子和面条，我们会根据您的要求来安排。""这是医务室，每天都有医务人员值班；旁边是多功能厅，我查过了，有您喜欢的歌曲和影片。""奶奶！这里是佛堂，您今后的功课就可以在这里做。"……

"奶奶！从这里出去，前面那栋楼是我们的××医院，有专业的医护人员 24 小时驻守，来保障您的健康，今后您的理疗也在那边做。"

"这是您的房间，我们已按照您的要求将……放在这里，……放在这里，可以吗？"

"这是紧急呼叫按钮，您有紧急事情可以按一下它，马上就会有人过来。"

……

○ 告知需要老人明晰的主要事项。为让老人安心住下来，必须将日常生活中的一些主要事项告知老人。例如，谁是她的责任护理员（或管家），如何用餐（包括如何订餐、进餐的要求等），各类活动场所的使用要求，如何就医，如何寻求帮助等。

下面提供一些常用语作为参考。

“奶奶！这是李××，您叫小李就行，今后就由她来为您服务。”

“这是我们的服务指南，您有空看看。现在我先简单给您介绍一些主要的：等会我会给您一张福祉卡，这张卡不仅是一张出入卡，还是一张消费卡，您要保管好。您出入时一刷卡就能进出并会有记录；您在我们这里的进餐、购物、保健理疗等都可以通过刷卡来完成。当然，您也要及时充值，以确保里面有足够的金额可以使用。”

“我们这里的餐厅每天都会供应适合老人的各种菜肴。您进餐时，可以根据您的喜好选择您想吃的菜肴后，刷卡就行。当然，您也可以提前订餐，我们每天的上午 9：30、下午 4：00 会有人过来登记，您到时告知就行。”

……

“如果您需要看医生或进行保健治疗，告知小李或到办公室找工作人员就行，他们会给您安排的。”

……

知识链接

养老机构老人入住流程（参考）

接待咨询→引导参观→确定入住意向→进行入住前身体健康检查→确定护理等级→签订《养老服务合同》→缴纳相关费用→办理入住手续后入住。

养老机构入住须知（参考）

1. 入住人员必须携带本人身份证原件及复印件、户口本原件及复印件、近期免冠 1 寸照片 2 张、近期体检证明（一级甲等医院及以上），监护人（或费用支付人）也应同时提供身份证原件及复印件。

2. 根据入住人员体检情况选择入住房间及确定护理等级。

3. 入住人员或监护人应如实填写入住人员身体健康情况与生活习惯表。

4. 入住人员须遵守《养老服务合同》相关条款，如入住方未如实提供信息而造成的一切经济、精神损失均由入住方承担。

5. 入住人员的生活必需品如被褥、洗漱用品等，由本机构提供，入住人员如为大小便失禁者请自行携带尿布和卫生用品。

6. 入住人员应妥善保管好自己的贵重物品及现金，如有遗失，责任自负。

7. 入住人员及监护人（或费用支付人）的通讯地址及电话应详细填写，保障信息畅通。如地址和电话有变化要及时联系，若由于变更失去联系而发生意外，其责任由入住人员及监护人（或费用支付人）自行承担。

8. 入住人员如不需院方提供治疗，以及 120 绿色通道，需向甲方提供书面说明。

9. 入住人员自入住起 7 日内为试住期，在此期间入住方或院方违反《养老服务合同》中的条款而无法继续履行，协议双方均可提出终止合同的要求，双方协商一致同意终止《养老服务合同》的，院方可按照入住人员离院前发生的相关实际费用收取。

10. 检查是否有压疮、皮肤病，若有此类疾病，应离院就医，待老人完全康复后方可入院。

动动手查一查 ⟹ 结合所学知识，查找出老人入住养老机构时会考虑或担忧哪些问题？具体列出来，在小组中分享并总结出要点。

用语模拟练习 ⟹ 两人一组，练习以下文明礼貌用语。

请不要着急，我尽快给您办好。
对不起，我没有听明白，请您再说一遍，好吗?
对不起，我不太清楚，但我可以帮您问一问。
对不起，打扰您了，不好意思!
对不起，我一个人不行，等我再找一个人帮忙一起解决，好吗?
对不起，我们暂时没提供这项服务，但我会把您的意见向上面反映。
对不起，我们会努力改进。
对不起，给您添麻烦了，请您原谅。

学习到这里，老人也已经入住了，是否还有其他场景呢？答案是肯定的。至少还存在拜访居家老人这一场景需要我们学习。

拜访居家老人的沟通技能与要点

老人入住后，肯定少不了要到老人的房间拜访或将服务送进老人房间的情况；同时，随着社区服务及养老机构服务范围的拓展，也将会出现到社区拜访或服务老人的情况。这些都属拜访居家老人的场景。这里要特别提醒：无论是拜访社区的居家老人还是机构内老人，老人的住所均属私人场所，拜访时要十分注意。

拜访居家老人是居家养老服务的首要环节，不仅考验我们的基本素质，更是考验细节、体现专业的重要关口，需要我们有灵活的应变能力并掌握一定的沟通技能。同时，正确处理好上门拜访居家老人这一环节，能进一步融洽与老人之间的感情，为今后工作打下良好基础。

● **上门拜访的主要环节、技能及注意事项**

○ 事前准备：在确定拜访对象与内容之后，必须做好以下几个方面的准备。

□ 针对拜访对象的准备：包括拜访对象个人与家庭的基本情况、背景资料、在家的时间段等。

□ 针对参与拜访人员的准备：包括上门拜访的计划、内容及时间安排、穿着打扮等。参与拜访的人员要注意保持自身形象的职业性与专业性。

□ 资料与物品的准备：如参与拜访人员的名片（联系方式）、上门拜访的有关资料（需要拜访对象知道或配合完成的资料），以及要赠送给老人的礼品等。

○ 事先预约：一般情况下，必须在有预约的前提下才能拜访，除非有特殊情况或无法获得联系外。事先预约一般可以采取上门联系、书面告知、电话联系等方式进行。但必须让老人清晰了解下列三个问题。

□ 来拜访的人是谁/代表哪家单位或机构。

□ 拜访的目的是什么。

□ 需要老人做些什么等。

停下来想一想 ⟹ 您是否有过预约拜访他人的经历？你是怎么做到的？在这过程中是否出现过什么问题？有哪些需要注意的地方？在小组中分享。

○ 上门拜访：必须注意的细节很多，涉及我们已经学过的所有知识与技能（如如何合理称呼与自我介绍，注意礼貌礼节与细节等）。

下面的一些建议有助于做得更好。

□ 将保证老人安全舒适，以及不被过分打扰永远摆在第一位。

□ 提前 5 分钟左右到达较为适宜。

□ 按门铃或敲门。按门铃以连续的一短一长较为适宜；敲门一般是均匀的连续三声为佳。

□ 征得老人许可后方可进入，进入后应及时自我介绍等。

□ 尊重老人的生活习性，以及不干预老人的私生活。如，进门时是否需要换鞋，根据老人的身体状况决定拜访时间的长短，未经同意不能四处走动或乱翻东西，不要过问老人的私生活等；如问“您儿子最近怎么没来看您啊？”

□ 及时有序地完成预定的工作，以及离开时致谢等。

拜访时为老人带上小礼品是不错的做法。

停下来想一想 ⟹ 有哪些沟通技能可以尽快拉近老人与我们之间的距离？在拜访过程中还有哪些需要注意的问题？在小组中分享。

● 拜访居家老人的一些沟通技能与要点

○ 及时、简洁地进行自我介绍并出示身份证件。老人开门后应及时做自我介绍并出示身份证件。如，“王大爷，您好！我是昨天跟您预约的咱们社区服务站的小赵，今天来看您了！这是我的工作证。”

○ 始终保持对老人的尊重。这方面包括：保持恰当的距离；保持微笑，耐心倾听；语言要通俗易懂等。由于老人的特殊性，与老人交谈时应尽可能与老人保持面对面，视线上要低于（或持平）老人（老人坐着时，可以蹲下来）。这样既可以让老人在视觉上觉得与你平等，感觉到你对他（她）的尊重，又可克服老人听视觉方面存在的不足（听不清或看不清）；还可以充分借助肢体语言来强化语言效果，以及直观地观察老人。在语言方面，要注意尽可能不用反问句，如不可使用“爷爷，上次我来看望过您，您不记得我了吗？”建议改为：“王爷爷！您老比我上次来看您时精神多了，我又来看您了。”

○ 开始时尽可能选择老人喜爱的话题。根据我们事前对老人的了解，在开始时，要选择老人喜爱的话题，让老人消除陌生感，从而获得老人的信任。如，“奶奶！听说您养花很有心得，等会我们还想向您讨教呢！”

○ 及时反馈并真诚地赞美老人。在与老人聊天时要充分应用沟通技能及时反馈，给予老人继续讲下去的信心与欲望；同时及时给予肯定和赞美，如，“您太棒了！”“您做得太好了！”这样会让老人高兴，使谈话的气氛变得更融洽。

○ 交谈时要尽可能做到目的明确。对需要老人帮忙的具体事项要做到目的清晰，化繁为简，容易进行。如，“爷爷！这是我们想请您帮忙填写的表格，我来说，您来选择答案好吗？”“爷爷，您吃了上次开的药后，感觉是否好一些？最近血压怎么样？还头痛呢？”

○ 对沟通可能存在障碍的老人，要事先有所准备。如，对拜访的老人可能存在听力下降或视力不好等情况时，我们要事前准备替代手段，如，利用手势、文字或图画、符号等。对语言不通的老人，要事前安排有人做翻译。

○ 最重要的一点是，必须充分考虑老人的意愿与身体状况。当老人出现不耐烦或身体不适时必须尽快离开。

停下来想一想 ⟹ 假如在炎炎夏日，你赶到老人家门口时气喘吁吁，大汗淋漓，你该怎样做后才开始你的上门拜访？

【实操训练】

实训一　上 门 拜 访

目标——

提升对上门拜访老人存在的困难，以及注意事项的认识，提高上门拜访的沟通能力。

要求——

相对独立、安静的课室。

纸、笔。

实训事务——

情景一（一般性事务）：例行登门询问老人在生活方面存在的问题（如饮食、出行、娱乐等方面）。

情景二（具体性事务）：就老人糖尿病的现状、饮食生活习惯做调查并指导（包括量血糖、询问饮食生活情况及健康指导）。

实训说明——

1. 时间安排（表 4-1）

表 4-1　时间安排

活动内容	预计时间
活动介绍	5 分钟
分组并准备展示内容	1 天
按要求开展活动	10 分钟
小组总结并分享	25 分钟

2. 规则

第一步：各自然组选择上面一个情景。每小组分为两组（设为 A 组和 B 组），A 组选出一人扮演上门拜访工作人员，B 组选出一人扮演 76 岁的王老伯（听力不太好）；由他们分别扮演其中角色进行情景展示。

第二步：展示后，要求每个成员轮流表述观点，再进行分析讨论，形成小组意见。

第三步：在班里分享。

第四步：在可能的条件下，选择适当的老人实地进行实践。实践后，写出体会。

分组名单与扮演的角色：

场景设计要点（时间、地点、环境、氛围与要求等）:

主要的感受或体会：

建议与意见要点：

实训二　签订入住合同

目标——

提升对老人入住机构所需流程与具体工作的认识，掌握签订入住合同的相关沟通技能。

要求——

相对独立、安静的课室。

纸、笔。

实训事务——

情景一：张阿婆的女儿带着张阿婆一起到养老机构办理入住手续。

情景二：张阿婆的女儿与机构人员签订入住合同。

实训说明——

1. 时间安排（表 4-2）

表 4-2　时间安排

活动内容	预计时间
活动介绍	5 分钟
分组并准备展示内容	1 天
按要求开展活动	10 分钟
小组总结并分享	25 分钟

2. 规则

第一步：各自然组选择上面一个情景。每小组分为两组（设为 A 组和 B 组），A 组选出一人扮演养老机构工作人员；B 组选出两人，一人扮演 65 岁的张阿婆，一人扮演阿婆的女儿。由他们分别扮演其中角色进行情景展示。

第二步：展示后，要求每个成员轮流表述观点，再进行分析讨论，形成小组意见。

第三步：在班里分享。

分组名单与扮演的角色：

场景设计要点（时间、地点、环境、氛围与要求等）：

主要的感受或体会：

建议与意见要点：

【案例分析】

一天，65 岁的张阿姨正在家里看电视，听见有人按门铃，她打开房门隔着防盗门往外看，有两位年轻女性在门口张望，张阿姨主动询问：“请问有什么事情？”站在门口的两个人对张阿姨上下打量一番，却不接话，而是拿出一个小册子，用手指在册子上比划起来。张阿姨只能试探性地问“你们是社区居委会的吗？”结果两人马上抬起头来，骄傲地说：“是的！我们是居委会的干部!”张阿姨马上关门，随后拒绝与他们说话。

事后得知，这两位是新上任的社区居委会工作人员，正串门熟悉情况呢!

思考：

张阿姨为什么要关门？原因在哪？

如果你是这两位女性中的一员，你该怎么做才能完成工作？

第五章　老人护理（照护）治疗性沟通

【学习要点】

◆ 识记：治疗性沟通的概念与意义；治疗性沟通的原则、流程及沟通要点；特殊情景下的护理（照护）治疗性沟通要点。

◆ 理解：治疗性沟通系统；影响治疗性沟通的因素；治疗性沟通的原则与沟通要点。

◆ 运用：处理相关治疗性沟通问题；处理各场景中出现的问题。

【引导案例】

刘阿姨，74 岁，因肺气肿呼吸不畅被转到护理院接受治疗。治疗期间每天需要静脉输液。因为刘阿姨手部比较肥，血管又细，曾有多次静脉穿刺不成功的经历，故每次穿刺都感到特别紧张。

一天，护士小王上治疗班，对刘阿姨讲解当天静脉输液用药的重要性之后，扎好止血带，轻轻拍打刘阿姨的手背，仔细观察血管走向后说："刘阿姨，您别紧张，放松，您的血管我看见了，我用小号针头给您穿刺好吗？您放松些，就不会那么疼，来，深吸气！"趁刘阿姨精神放松时，一针见血地完成了输液操作。刘阿姨说："小王，你的技术真好，今天打得一点都不疼，真是谢谢你了！"小王笑笑说："刘阿姨，是您配合得好，也谢谢您的合作，请您安心休息，我随时会过来巡视的。"

另一天，是赵护士上治疗班，一进病房就冲着刘阿姨嚷嚷："9 床病人，打针了！"扎好止血带后一边拍打刘阿姨手背一边抱怨着："你的血管长得太细了！您的手背又那么肥，一点儿也不好打，待会儿我打打试试，我帮你打好后不要乱动哦！不然又要肿了！"刘阿姨只能说："哦，哦……"

案例点评：

静脉输液属于护理治疗的一种，是一种十分常见的治疗性操作，在住院病房中比比皆是。案例中，两种不同的沟通方式所带来的效果截然不同。这种不同，不仅体现在治疗性操作是否成功，更体现在患者对治疗的配合程度、现场的心理感觉，以及以后对该治疗的认知感觉上，都会对患者产生深远的影响。在临床上，有些护理治疗性操作远比静脉输液要复杂得多，如胃肠减压、导尿、灌肠等，这些都需要患者的密切配合才能顺利地完成。可见，护理治疗性沟通十分重要，我们应高度重视。

为让大家更好地理解护理（照护）治疗性沟通技能的魅力与作用，我们先来看看下面的案例。

【案例说明】　　对化疗的解释

患者是一名白血病中期的中年农村妇女。本次住院是进行第三次化疗。她仅知道自己患有肿瘤需要打针治疗，但由于费用较高，打针后会出现呕吐、虚弱等不适症状，加上对要进行多次治疗一直不理解。因此，存在明显的抵触情绪。

护士长知道后，采取下面的方式与她沟通。

护士长："阿姨，您这次来精神好多了，真替您高兴！"

阿姨："谢谢你们了！"

护士长："阿姨，我看了您的检查结果，效果不错。肿瘤明显缩小了，要坚持才行。"

阿姨："……"

护士长："阿姨，您知道您的病是怎么回事了吗？"

阿姨："不知道。"

护士长："我来跟您说说。其实您的病，是血液中出现了一些异常的细胞，就好比正常的麦地里除了麦苗外还长出了一些杂草，这些杂草在抢夺麦田的养分，如果要保证正常的麦苗长大或结果实，是不是必须先把杂草去掉？"

阿姨："那是当然的啦。"

护士长："我们现在的治疗，还没有除草剂那么好使，在清除杂苗的同时，会影响到苗儿。所以治疗后，会有段时间，麦苗也存在暂时的损伤，这时您的抵抗力也会降低或出现其他不舒服，如呕吐等，您理解吗？"

阿姨："这个我理解。"

护士长："这个过程也不是一次就可以完成的，需要多次进行。所以，您要多次打针才行。如果现在放弃了，前面所做的工作就白费了。"

阿姨："我明白。"

护士长："到一定程度后，要是杂草被清除了，苗儿也正常生长了，病就没事了；但要是草还继续生长，我们再想其他办法对付它。从本次检查来看，苗长得不错！效果较好！我们继续打针，好吗？"

阿姨："好的！我终于明白了，谢谢你。"

让对方理解的沟通才是真正意义上的有效沟通。本案例中的护士长采用患者耳熟能详的例子进行说明，收到很好的效果。

知识链接

一个人事业上的成功，只有15%是由于他的专业技术，另外85%靠人际关系、处世技能。

——卡耐基（美）

治疗性沟通

治疗性沟通（therapeutic communication，TC）的定义，业界至今尚没有一个确切、统一、权威的定论。根据文献，以及对其内涵的理解，笔者认为治疗性沟通具有以下属性：首先，治疗性沟通属于医学范畴，是医学行为中的一种。其对象是患者及其家属，其执行者必须是具有医学、护理及专业相关知识、技能与职业素养的专业人员（不仅是医生护士，还包括其他医务人员）；其次，治疗性沟通属于治疗范畴，但其治疗手段或工具不是药物或手术，而是沟通。也可以理解为治疗性沟通是药物、手术等治疗方式的一种辅助治疗手段；第三，虽然治疗性沟通是围绕着患者的疾病来开展的，但其主要内容是患者的生理性疾病，以及与生理性疾病互为因果关系的心理、社会与环境适应等问题，即不仅仅是一般人际沟通、心理咨询与健康教育等；最后，治疗性沟通的主要目的是在治疗或辅助治疗患者的生理性疾病的同时，消除或缓解患者在疾病相关的心理、社会与环境适应性方面的压力，帮助患者进行身心调适，使患者从疾病状态向健康方向发展。

因此，治疗性沟通可以定义为：以医护人员为主导，以患者及其家属为主体，围绕着疾病诊疗与护理过程中存在的心理、社会与环境适应等问题，以沟通为主要手段，帮助他们寻求自助或他助资源，建立良好的社会支持系统，积极应对疾病、减轻痛苦、恢复健康为目的的沟通过程。

目前，在业界，为确保医（护）患治疗性沟通的个性化、专业化、系统化与科学化，对患者的重大治疗要求建立治疗性沟通系统（therapeutic communication system，TCS）。这既是一种新理念，更是一种更全面有效的沟通工作方式。TCS 是指在临床治疗与护理中，建立以患者为中心，医护人员与患者及其家属开展以关系性沟通（relationship communication，RC）（即一般性沟通，以此建立彼此信任的治疗性关系）为基础，以评估性沟通（assessment communication，AC）（医护人员应用专业及专业相关知识评估和检测患者的生理、心理、社会、环境适应问题，以及患者对相应疾病诊疗与护理的态度、认知和行为问题，探索其产生的原因，寻求解决问题所需的资源）为核心，以治疗性沟通（TC）（根据轻重缓急及患者的需求，筛选出相关问题并应用可利用资源给予解决）为实质的双向沟通，最终实现帮助患者及其家属寻求自助或他助，建立良好的社会支持系统、积极应对疾病、减轻痛苦、恢复健康的目的。当然，对于简单的治疗，可以简化其中的一些沟通要点。

RC、AC、TC 的比较见表 5-1。

表 5-1 关系性沟通、评估性沟通和治疗性沟通的比较

项目内容	关系性沟通（RC）	评估性沟通（AC）	治疗性沟通（TC）
目的与目标	实现知人、知事、知因等，并建立彼此信任的治疗性关系	发现并确认患者现存或潜在的系列问题及其原因与需求，确定治疗性沟通的主题	围绕主题，针对患者存在的问题，以及产生的原因与需求，解决患者在诊疗与护理中存在的态度、认知与行为问题
主要内容	主要是人口学信息，社会文化背景与爱好，人格特征等	内容同关系性沟通，但主要是发现存在的原因、需求与社会资源，并确立 1～2 个主要问题	围绕主题或问题，帮助患者克服或缓解疾病治疗与护理中存在的问题
时间与地点	不做具体限制	需要预约并做选择，要求患者有较好的思想准备与精神状况	需要预约并做选择，要求患者有较好的思想准备和精神状况
基本原则	见第一章中沟通必须遵循的原则	伦理性，保护性，目的性，整体性，个体性，循证性	伦理性，保护性，目的性，整体性，个体性，循证性
方法或形式	非专题的随意面对面的交流	有针对性的沟通	做到因人、因事，采取不同的策略与方法

根据国外（特别是老龄化程度较严重的国家）的实践经验，对于养老机构的老人，治疗性沟通更多的关注点是帮助老人应对与适应不能改变的现状与环境，克服疾病诊疗与护理（照护）过程中存在的态度、认知与行为等问题。所以，本章重点讲述老人护理（照护）治疗性沟通中的一些要点。

动动手查一查 ⟹ 就表 5-1 中有关关系性沟通中提到的一些具体内容进行查找，在小组中分享并讨论，统一意见后选派代表在班中讲述。

知识链接

评估性沟通

评估性沟通是建立在有效关系性沟通的基础上，以医护人员为主导，以患者及其家属为主体，在一定的时间和环境下，有计划、有步骤地收集患者生理、心理、社会和环境等方面的信息资料，应用专业知识与技能对所获悉的、与疾病相关的患者信息进行分析、归纳、综合评估及检测，发现其生理、心理、社会和环境适应的问题，疾病诊疗与护理的态度、认知和行为问题，探究问题产生的原因，根据疾病的轻重缓急及患者的诉求与需要，寻求解决问题所需资源，以及拟定下一步治疗性沟通主题为目标的沟通过程。其实现的目的不仅是发现问题，更要发现问题产生的原因，或矛盾的主要方面，以及患者应对疾病的自身资源结构现状（包括物质和社会文化资源）。明确这些信息，将为后面设计治疗性沟通提供依据，为帮助患者及其家属发挥主、客观能动性，解决存在的问题奠定基础。

老人护理（照护）治疗性沟通的原则

其实，第一章提到的关系性沟通中的原则同样适用于治疗性沟通，如以人为本原则、平等原则、共同参与原则、保密原则、反馈原则等。在老人护理（照护）治疗性沟通中，还有其他必须遵循的原则：伦理性、保护性、目的性、整体性、个体性、循证性。

● **伦理性原则**

该原则与我们学过的共同参与原则与保密原则的内容基本一致，具体要求我们尊重老人的生命，尊重他们的宗教信仰，尊重他们的隐私、人格与自主权等，这是法律与伦理道德赋予老人的权利。如，在治疗性沟通开始时应该询问老人"您现在是否愿意谈谈您的治疗情况吗？""您还有什么顾虑吗？""您是否有一些问题需要我与您的家人谈谈吗？"

● **保护性原则**

该原则与以人为本原则的根本点是一致的，同样要求我们在沟通性治疗中必须以减少老人不受侵害为前提，做到因人、因事、因地而异。要特别注意每个老人有着不同的生理、心理特点及疾病社会等特征（复习第二章内容）。

● **目的性原则**

目的性原则要求我们紧紧围绕着老人在诊疗和护理过程中存在的主要的、急需面对的问题，采取多种方式方法来帮助老人克服或缓解或解决它。例如，要提高老人对诊疗与护理的依从性，可以通过改善老人的情绪状态与提高对疾病与健康的认知来实现等。

● **整体性原则**

整体性原则不仅体现在要将治疗性沟通贯穿于整个医疗活动中，更要求我们既要成为老人护理（照护）的实施者、健康的指导者和促进者，又要成为他们面对困难时的陪伴者和支持者；而且也体现在要以老人及其家属作为帮助与引导的对象，所有医务人员共同参与，群策群力，形成整体合力，把工作做得更好。

● **个体性原则**

老人存在的或潜在的健康问题，以及对问题的认知程度与解决办法会因其年龄、性别、职业、个性特征、价值观、知识文化水平及社会支持资源等因素的不同而存在很大差异。因此，治疗性沟通必须充分体现个性化。

● **循证性原则**

循证性原则指为了确保我们与老人沟通的论点更加明确，逻辑更加清晰，证据更加可靠，说服力更强。要求在沟通前，必须采用查阅病历资料、集体讨论病情与方案、查阅最新文献等循证手段来做好相应的准备。

停下来想一想 ⟹ 根据学到的知识，与老人进行治疗性沟通中如何更好地落实个体性原则？在小组中分享。

动动手查一查 ⟹ 什么是循证学？有哪些特点及基本手段？各自查找，以作业形式提交。

治疗性沟通之所以重要，是因为无论对于老人、照护者还是专业医护人员，有效的沟通都是做好各项工作的基础。如果我们无法与老人及其家属就他们关心或顾虑的问题进行良好的沟通，就很难被他们所理解，更别说很好地配合你的诊疗与护理，还可能引发其他问题。

下面我们来学习影响老人护理（照护）治疗性沟通的因素及工作流程。

影响老人护理（照护）治疗性沟通的因素

● 医疗人力资源因素

目前，中国卫生系统的人力资源分布仍不均匀，专业人员的岗位编制也较紧缺；同样，养老机构中医疗人员的配备也存在很大的缺口。因此，医务人员普遍存在工作负荷与压力均很大的情况，在这种背景下，要求他们进行细致的、协同的、专业的治疗性沟通有时显得力不从心。

● 医（护）患信任因素

医（护）患之间视角的不同、利益分配原则的不同，以及信息之间的不对称，加上人们法律意识的不断增强、社会信任危机的加剧，使得医（护）患之间的信任仍存在一定的问题。这些问题也同样存在于养老机构中。尽管沟通可以改善彼此的信任，但在这种大背景下，确实给治疗性沟通带来一定的障碍。

● 沟通技能与认知因素

由于治疗性沟通涉及面很广，需要具备较扎实的沟通理论知识与技能。近年来，尽管中国的医学教育体系已逐渐重视医学生（包括养老护理员）沟通技能等方面的培养，但仍存在力度不足、推行不力、效果不佳等情况，出现医护人员（特别是年轻医护人员）对沟通的认识不足、沟通相关知识与技能薄弱等问题，导致他们不是没看到老人存在的心理、社会问题，也不是不想与老人沟通，而是看到与想到了，但却没有去做或不知怎么做或很难做到位等情况。常见的问题如下。

○ 未能紧紧抓住治疗性沟通中的重点问题。在沟通中常被一些无关紧要的内容或问题所影响而偏离主题，影响沟通效果。

○ 常以说教、主观判断或一般性的安慰来代替沟通。用说教的口气对老人的处境和感情发表个人的见解（如“你不该这样想”），用自己的主观判断来阻碍老人继续表达自己的感觉（如“你的想法是错误的”），用一般的宽心话来敷衍老人等（如“没事的，很快就好了，你一定会好起来的”）。

○ 未能全面地、设身处地地为老人着想而匆忙下结论或提出解决办法。有时会为了尽快解决老人存在的身体问题，不等老人谈出自己的顾虑或疑惑，以及老人心理存在的问题就提出意见，武断进行。

● 老人生理、心理、疾病因素

老人自身具有的生理心理特点及疾病特征都会给沟通途径、信息理解与反馈、提问等方面带来一定的障碍，如老人的抑郁、耳聋等。

● 家属因素

如上所述，治疗性沟通的主体是老人及其家属。但在现实中，要实现老人及其家属意见相对统一存在一定困难。在这点上，除双方存在的文化差异外，更多的是比较难找到家属（各自谋生或工作忙），更别说进行较长时间的、细致的沟通；同时，在未来老龄化迅速增长的 30 年中，社会群体构成将会发生很大的变化，出现典型的一对夫妻赡养 4 个老人的家庭结构。在这种背景下，家属因素的影响会更加突出。

停下来想一想 ⟹ 应用你所学的知识，思考如何克服“沟通技能与认知因素的影响”中提到的三种常见问题，在小组中分享。

老人护理（照护）治疗性沟通的工作流程

无论是在机构内部、还是在康复院诊室或上门到老人家中进行护理（照护）治疗，治疗性沟通一般可分为以下几个阶段。

● **计划与准备阶段**

上述知识已经明确告诉我们，计划与准备阶段十分重要。要求我们通过预约并在沟通前对相关问题做好准备。具体包括老人的基本情况与状况（老人的一般情况与家庭、社会背景，健康史，心理与身体评估及疾病资料等），明确本次沟通的目的与内容（为什么要沟通，要达到什么目的，想获得什么信息等），制订沟通提纲（列出准备沟通的问题及围绕问题所准备采取的相关策略），选择适于沟通的时间（不影响各方人员工作、能实现沟通目的、双方都适宜的时间）、地点与环境（可以保护隐私，不受干扰，双方感到舒适的地点与环境）。具体来说，就是要完成并做好关系性沟通与评估性沟通。当然，医护人员也要做好身体与心理的准备。

● **沟通开始阶段**

与其他沟通一样，给老人及其家属留下良好第一印象是治疗性沟通成功的第一步，具体包括：对老人热情得体的称呼，主动简洁的自我介绍，轻松互动的开场白，简明扼要的内容介绍，以及帮助老人采取舒适的体位并准备相关物品（如水杯、毛巾等）；让老人及其家属清晰本次沟通的目的及所需要的时间。让老人及其家属接纳我们，并在身体上和心理上做好准备，是这一阶段的重要内容。

● **沟通进行阶段**

该阶段是护理（照护）治疗性沟通的实质阶段。主要是紧紧围绕老人治疗性沟通的目的与内容，坚持治疗性沟通原则，灵活机动地应用我们的沟通技能（特别是共情、倾听、提问等）开展沟通。

● **沟通结束阶段**

应根据预定的沟通计划（特别是预定所需的时间），结合当时的实际情况（特别是老人的身体、心理状况），妥善结束沟通。结束前应简要核实沟通的重点内容，询问老人及其家属是否还有补充或要求；根据实际需要（如老人及其家属提出新问题或还有其他问题需要解决等），可以与老人约定下次沟通的时间与内容，最后要对老人及其家属的配合表示感谢。当然，也可以简要向老人及其家属说明本次沟通为老人的诊疗工作带来的积极意义。

老人护理（照护）治疗性沟通的技能要点

● **建立治疗性沟通系统**

对于重大的诊疗与护理工作，通过建立治疗性沟通系统，来实现沟通的整体性与目的性，这是治疗性沟通的关键。

○ 与老人建立良好的关系。如上所述，通过关系性沟通来实现良好关系的建立是治疗性沟通成功的第一步。其中，给予老人及其家属良好的第一印象，主动自我介绍，以及关心体贴到位的个性化服务是最重要的。这样可以减轻老人的陌生感与距离感，以及消除其紧张与焦虑情绪，并获得信任，为接下来的治疗性沟通打下良好基础。

○ 明确沟通主题。通过评估性沟通来客观准确地确定具体的沟通主题是成功的第二步。沟通主题确定后，要将本次沟通的目的与内容清晰地向老人及其家属做解释，征得他们的理解与同意。只有老人知道我们要为他做什么样的操作，为什么要做这样的操作，怎样进行这样的操作，该如何配合等问题后，老人才能放心地配合我们的诊疗与护理。

● **按确定的提纲与流程循序渐进**

在沟通过程中，要尽量按设计好的提纲与流程进行。当然，也可以根据实际情况（如老人出现身体不适或老人及其家属出现明显的情绪波动等）对沟通程序与内容做一定调整。对于提问，需注意以下几个问题：一是提出的问题应简单明了；二是一次最好只问一个问题；三是问题内容应符合老人的年龄、文化程度与社会地位等；四是尽量使用老人能够听懂的语言；五是要根据老人的实际情况随时调整沟通策略。这要求我们密切关注老人的表情、眼神、手势、语音语调等，并适时给予安慰、鼓励与解释。

● **注重对老人的尊重与关爱**

下面的一些做法可以体现这方面。

○ 密切留意老人的状况。根据保护性原则与目的性原则，我们必须确保老人在较好的身体、心理状况下进行沟通。这就需要我们密切观察老人的座位、姿势、环境等是否舒适，老人的情绪、身体状态等是否正常，老人是否需要帮助（如饮水、上厕所）等。

○ 言谈举止要表现出对老人的尊重。这方面涉及的内容很多，包括使用敬语，语言通俗易懂、简洁明了，认真聆听，及时反馈，多应用安慰性、鼓励性、积极性、关心性语言等。但最关键的是要自始至终让老人感觉到自己是受欢迎、被尊重和有价值的。

● **注重共情与注意老人的自我表露**

○ 共情：这一沟通技能特别适用于老人的治疗性沟通（复习第一章关于共情的内容）。通过我们的情在先、言在早、声在近来实现与老人的情感共情；通过我们的引领与说明，让老人对诊疗与护理的认知从不正确到正确、从非理性到理性、从不相信到相信，来实现认知共情；通过我们的指导与展示，让老人的配合度与依从性从不依从到依从、从不作为到有作为、从被动到主动，来实现行为共情。如，便秘很久的老人需要灌肠，但因为害怕难受而拒绝，并表现出忧心忡忡，唉声叹气。可以尝试这样与老人沟通："张爷爷！（带着微笑，靠近老人，眼光平视，轻声细语）我知道灌肠有点难受，隔壁的刘奶奶前两天跟您一样也要灌肠，她当时也很担心，一直忍着不肯做，但最后太难受了也做了；做完后她告诉我没有想象中那么难受，现在也舒服了，早知道这样就早配合我们了（情感共情）。灌肠是解决您目前问题的一个主要方法，可以减少其他并发症的发生概率。您看刘奶奶现在恢复得多好，这也是我们明知会让您难受但还要做的原因（认知共情）。确实，灌肠是有点不舒服，但不是您想象的那么难受，您可以看一下这条管，很细的，只要您放松，配合我们，很快就做完的。再说，我的水平您是看过的，就由我来帮您做，好吗？"（行为共情）

○ 自我表露：上面例子中提到的张爷爷在灌肠前所表现出来的担心情绪就是老人的自我表露。其实，在治疗性沟通中，要密切注意老人的自我表露，或应用沟通技能（如提问、诱导等）让老人自我表露是十分重要的，这样才能让我们知晓老人心中的困难与所思所想，并采取相应策略来为老人排忧解难。要让老人自我表露的前提是与老人建立良好的关系，并获得老人的充分信任；同时，在老人自我表露时（特别是哭泣），我们可以静静陪伴与聆听，切不可过于安慰而影响老人的情绪表露，更不能取笑或用异样的眼光看待老人。

动动手查一查 ⟹ 动手查找出自我表露的定义、类型、作用及影响因素，并举例说明，在小组中分享。

特殊场景下的护理（照护）治疗性沟通要点

除上面提及的影响与老人进行治疗性沟通的因素外，还存在着来自老人自身因素所带来的特殊场景的影响，这些特殊场景包括老人愤怒、不合作、哭泣、抑郁、感知觉有缺陷等。这需要我们应用有针对性的沟通技能来妥善处理，缓解或消除这种影响，巧化阻力为助力。下面的一些建议和要点有助于化解这一局面。

● **当老人愤怒时**

首先要让我们自己冷静下来，避免自己做出防御、退缩或过激的行为；再通过语言和非语言沟通（特别是聆听、共情等）来找出老人愤怒的原因。在这点上，要求充分地表达出对老人的关爱、尊重与理解，并在聆听过程中对老人重要的话语进行求证；其次要认可老人信息中的情感因素，引导老人通过合适的方式宣泄情感，在不违反原则的前提下，尽可能满足老人的需要；最后是用清晰、自信的实际行动与老人一起解决存在的问题。当然，如果老人还不能控制好自己的情绪，或可能威胁到老人身体健康时，应立即暂停沟通，并寻求可能的帮助。事情过后，还需慎重审视老人愤怒的原因，如果是因为我们的工作做得不到位或出现纰漏，要向老人致歉。

知识链接

SORRY 方法

SORRY 方法要求道歉过程要突出五个要素。

speedy——及时。要向老人及时表示歉意，拖延会引起双方关系恶化。

open——坦诚。诚恳的态度是表示歉意的基础，没有人会接受不真诚的道歉。

relevant——易懂。要使用简明扼要的语言，不要过多使用术语，否则老人会有被耍弄的感觉。

responsive——充满建设性。要提出建设性的改进措施，尽量减少伤害。

yours——敢于承担责任，推卸责任解决不了任何问题。

● **当老人哭泣时**

这是老人自我表露的一种形式。因此，最好的办法是静静地陪着他（除非他要求独自待着），同时可以应用我们学到的抚摸等技能轻轻地进行安抚。等待老人哭泣停止后，再用沟通技巧鼓励老人说出哭泣的原因。

【案例说明】 **我只是静静地陪着**

有一个 4 岁的小男孩，他的邻居是一个孤寡老人。有一天，这个小男孩看到这个可怜的老人拿着老伴的照片在哭泣，他走了过去，安慰老人。当小男孩的妈妈问他对老人说了什么时，小男孩回答："没说什么。我只是坐在他的身边，摸着他的手，让他哭个痛快。"

● **当老人不合作时**

由于老人的特殊性，有时会表现出比较固执，而出现执意不合作的情况。当老人不合作时，切忌不可一味指责老人或表示不满，而应该根据我们第二章学到的老人性格特点的相关内容，动之以情，晓之以理，鼓励老人讲出不合作的原因，并进行有效的引导或解释。如，对直爽的老人，不妨开门见山："老李，您当年救灾那么危险的事都不怕，还怕这么一个小手术？"这样老人就会顺着话题说下去，就可以找到症结所在，妥善解决。对为健康问题而担心的老人，则必须针对老人的实际情况，用专业知识、通俗易懂的语言来加以解释与诱导；如果不能奏效，必须停下来，千万不要勉强。

● **当老人抑郁时**

这时候老人出现的抑郁有别于老人抑郁症，极可能是老人面对一些较难解决的问题（包括对本身的疾病及对预后的顾虑等）而表现出来的情绪反应。对这类老人，需要我们用心去观察才能发现。他们一般表现为一反常态，如，说话不自然或不说话了；或突然间对任何问题持无所谓的态度等。如果是沟通前发现老人出现抑郁，我们应该主动与他们交流，用热情、爱心与耐心来表达我们对他们的关心与尊重，在肯定老人自身能力的同时，尽可能让老人说出心中的忧虑与困难；再用专业知识来排解他们存在的顾虑，增强他们的真实感与对未来的积极态度，让他们对未来重获信心。当然，与其家属形成合力，共同关注与鼓励老人会收到更好的效果。如果是在沟通中突然发现老人抑郁了，则应立刻停止沟通，再用上述技能发现并排解老人存在的问题。

● **当老人病情严重时**

这里分两种情况，一是要进行的治疗性沟通与目前的病情无关，这种情况必须马上中止沟通；二是要进行的沟通是为了进一步改善病情，这种情况要求我们必须以不加重老人病情、确保老人生命安全为基准，沟通时要尽量言简意赅，严格控制好时间（一般不要超过10～15分钟）。要用轻松愉悦、关心鼓励的言语与老人沟通，可以辅之以非语言沟通技能（如抚摸等）。同时，最好要求老人的家属在场，因为家属将成为治疗性沟通的主要对象与见证者。

● **对感知觉有缺陷的老人**

这类老人常有自卑感，同时常伴有忧虑与多疑。当然，其感知觉上的问题也是客观存在的。在沟通中，我们的热情、关注与尊重、爱心与耐心，以及个性化策略至关重要。在个性化方面，如，对听力障碍的老人，我们可以通过沟通时让老人看到我们的脸部与口形，并辅以手势与脸部表情来加强信息的传递（当然还可以借助助听器）。对视力不佳的老人，应尽可能靠近老人，但要注意在靠近老人之前，要告知老人，让老人感知你的存在；及时有效地回应老人的问题，对老人所听到的声音要及时做出解释（以免老人胡乱猜疑）；同时尽可能避免或减少非语言性信息。对语言障碍的老人，应尽量使用一些简短的、闭合性的句子进行沟通，让老人可以用“点头”或“摇头”的方式来应答；同时，态度要缓和，不可操之过急，要给老人留有充分的时间去思考，当然也可辅以文字等非语言沟通方式进行交流。

停下来想一想 ⟹ 你一定见过你的爷爷奶奶或外公外婆（或其他老人）生气，是什么原因造成的？具体是怎么一个情况？当时是怎么处理的？在小组中分享，想想是否有一些类同点。

【案例说明】　治疗性沟通

刘阿姨，75岁，入住某养老机构已两年多。前天，因搬重物后感觉腰部十分疼痛到康复院就诊，诊断为：腰椎间盘突出。在进行一定处理后症状好转，随后被送回养老机构进行康复治疗。

上午，负责指导老人康复治疗任务的护理员小王（用A替代，下同）到刘阿姨（用B替代，下同）房间看望老人。刘阿姨正平躺在床上，看着报纸。下面是小王与刘阿姨的对话场景。

A:（敲门，征得同意后，推门进入，面带微笑）“刘阿姨，吃过早餐了吗？”

B:“王护士，你好！吃过了，感谢你前天及时将我送到医院，谢谢。”

A:“客气了！这是我的工作。知道您回来了，有些事情想跟您聊聊，您觉得现在可以吗？”（一边说一边帮刘阿姨整理被子）

B:“可以的，我刚好也有一些问题要问你。”（面带微笑，点头）

A:（坐到床边，看着刘阿姨）“这样躺着舒服吗？要不要调整一下？腰还很痛吗？”

B:“还好，腰痛轻一点了。”

A:“我将昨天的检查报告带回来了，您都知道结果了吗？”（拿出昨天刘阿姨的X线片和骨密度检查单）

B:（迫切想知道的眼神）“结果怎样？严重吗？”

A:（握住刘阿姨的手）“阿姨您放心，没发生骨折，是腰椎间盘突出。但是您的骨密度比较低，您要注意补钙和晒晒太阳啊！这次是因为您搬东西时姿势不对导致一节腰椎间盘有点突出，压迫了旁边的神经根了，才出现腰痛的。”

B：“腰椎间盘是什么东西，突出又是怎么回事？”

A：“哦。我给您打个比方吧。人的每个腰椎骨之间都有一个软垫，起到避免腰椎骨之间直接摩擦的作用，这个软垫叫椎间盘，它是扁扁的椭圆形的，有点像被压扁的汤圆，它的外面有几圈纤维环，就像汤圆皮，中间是髓核，就像汤圆的馅。您前天因为用力不当，压迫了汤圆的前半部分，结果导致汤圆馅被挤向后方，将汤圆皮撑破了，里面的馅流出来了，然后压迫了旁边的神经，就出现了腰腿疼。”（一边说一边做动作进行描述）

B：（频频点头）“哦，是这样啊，我好像明白一些了！那有什么好办法治疗吗？”

A：“您现在虽然不那么痛了，但仍处于急性期，要绝对卧床休息，这样腰椎之间的压力就变小了，有利于减轻对神经根的压迫，您的腰痛症状就会逐渐减轻。”

B：“姑娘，我要在床上躺多少天啊？就这样一动不动的，是吗？好难受啊。”

A：（共情的眼神）“阿姨，换了我，也会感觉难受的。但是为了治疗，要坚持几天的，过几天等病情允许了，您就可以下床活动了。您现在在床上也不能一动不动，那样会加重骨质疏松并导致肌肉萎缩的，您需要适当活动。”

B：“哎呀，小王，”（老人已更换称呼，提示已完全接纳小王）“我现在不是很矛盾吗？一方面要绝对卧硬板床休息，另一方面又要适当活动。我该怎么办呢？”

A：“阿姨，这不矛盾，我这次来就是要帮你解决这个问题的。这样吧，我现在教你在床上运动，您看这样活动您舒服吗？”（边说边掀开被子，帮刘阿姨活动一下腿部）

B：“还好，没有明显不舒服。”

A：“好的，阿姨，您配合得很好，这样坚持做，会好得快一些的。”（继续教刘阿姨床上直腿抬高锻炼，股四头肌锻炼等）

B：“谢谢你啊，小王，辛苦你了。”

A：“阿姨，您别客气，这是我们应该做的。您看不矛盾吧。等好些了，就可以佩戴腰围下床活动了。”

A：“阿姨，床上的肌肉活动您要坚持哦，但也不要操之过急。自己做累了，也可以让别人帮您。”（这时，刘阿姨的儿子刚好过来看望，也主动过来帮助老人按摩下肢）

A：刘阿姨，您看您多有福啊，有个这么孝顺的儿子陪在身边。（一边说，一边向刘阿姨竖起大拇指称赞）

B：“是啊，我很知足了，儿子还要上班，现在请假过来陪着我，真是太辛苦了。我一定听你们的话，积极配合，盼着能早点康复。”

A：“是啊，您这样想就对了，为了您自己和儿子，今后要更加注意身体才行。如早晚要添衣，不要搬太重的东西，行走要小心啊。”

B：（开心地笑了）“是啊！是啊！我的好闺女。”

A：“好了，我该走了，不然会影响您享受天伦之乐。如果有什么问题我们再聊，很高兴能跟您聊聊天。”

B：“好的，谢谢，谢谢！”

A：“不客气！”

这是一个展示护理（照护）治疗性沟通全过程的案例。尽管是个案，但里面涵盖着我们要学习的治疗性沟通的所有要点。如，沟通前的资料准备、人性化的引入，注重建立良好关系，以及询问是否可以沟通，沟通目的明确、循序渐进，在沟通过程中恰当地应用了共情、询问、提问等语言与非语言沟通技能，将完成沟通目的、融洽彼此关系、树立老人信心及卫生宣教合为一体，沟通结束阶段人性、自然。

【情景模拟】

治疗性沟通

目标——

提升个人对治疗性沟通重要性的认识，提高护理（照护）治疗性沟通技能的应用能力。

要求——

相对独立、安静的课室。

纸、笔、案例资料。

情景案例——

案例：李奶奶，71 岁，入住某养老机构养老已五年多。近一周来，老人经常觉得胸前区不适，时有轻微疼痛，并伴有头晕、出冷汗，自己含服硝酸甘油后缓解。被送到医院检查，医院建议行心脏造影检查，预约第二天进行。

情景一：如果你是老人的主管护理员，如何就心脏造影问题与李奶奶进行治疗性沟通？

情景二：在沟通前，突然发现李奶奶沉默寡言、自言自语，你该怎么办？

情景三：在沟通过程中，突然发现李奶奶脸色苍白，自诉胸前区疼痛明显，该怎么办？

实训说明——

1. 时间安排（表 5-2）

表 5-2　时间安排

活动内容	预计时间
活动介绍	5 分钟
分组并准备展示内容	1 天
按要求开展活动	10 分钟
小组总结并分享	25 分钟

2. 实训规则

第一步：分三个小组，选择上面一个情景。分别选择人员扮演其中角色进行情景展示。

第二步：展示后，要求每个成员轮流表述观点，再进行分析讨论，形成小组意见。

第三步：在班里分享。

分组名单与扮演的角色：

场景设计要点（时间、地点、环境、氛围与要求等）:

主要的感受或体会（个人）:

主要的感受或体会（小组）:

第六章　告知坏消息

【学习要点】

◆ 识记：坏消息的概念；告知坏消息的方法、技能与注意事项；告知坏消息过程中应注意的事项；告知后告知者负面情绪的干预要点。

◆ 理解：消息的相对性；告知坏消息的方法与注意事项；告知后告知者存在的负面情绪。

◆ 运用：告知坏消息的方法、技能与注意事项；告知后告知者负面情绪的十预要点。

【引导案例】

案例1：刘先生，76岁，是某医院结肠癌术后ICU患者，一般情况好。下面是他的体会：

"一个月前，当张医生告诉我，我得了结肠癌时，我都蒙了！这太突然了！"

"好在老伴陪我度过了难关。但我现在还是不想看到张医生，他太直接了！让人一下子受不了。"

案例2：郑阿姨，86岁，工程师，某医院老年病区临终患者。下面是她的陈述：

"其实我知道自己的情况，这是迟早的事！但我要感谢谢医生，他煞费苦心地告知我实情，这样我就更有底了。"

"最难得的是，谢医生还告诉我接下来的事该怎么办，这让我可以平静、有序地安排我剩余的时光。"

案例点评：

这就是我们常常提到的"告知坏消息"。目前，如何告知坏消息在医疗机构中越来越受到重视，医护人员已从关注患者及其家属如何处理坏消息，向如何更好地传达坏消息转变。同时，从案例中可以看到，告知坏消息的方法、技能对当事人的影响是深远的。

【案例说明】

下面是一则摘自威廉·科克汉姆《医学社会学》中的一段话。

英国社会学家Ann Holohan（1977）描述了她无意中得知自己可能患有乳腺癌的经过。

她因乳房意外受外伤到医院诊疗，医生在检查时发现她的乳房上有肿块，要求她做活体组织检查。她惊呆了，当医生继续向她解释肿瘤有可能是恶性的时候，她觉得医生的声音越来越小，满脑子里不断交替地闪现着她的家庭（该怎么办，如何应对等）和求生的想法，口中喃喃自语："这不应该是我！"就这样漫无目的地开车回家。后来，在极度担忧与矛盾中，做了活体组织检查，排除了恶性肿瘤的可能。

从案例可以看到，当事人在得知"坏消息"后，出现了"觉得医生的声音越来越小"、"满脑子里不断交替地闪现着"其他切身问题、"漫无目的"回家。可见，告知坏消息所带来的影响不单指具体告知的内容，还包括当事人可能因为此事而引发的涉及身体、心理、家庭等方面影响的联想。可以说，告知坏消息更是一项十分讲究技能技巧的技术活。它不仅要求客观、有效、准确地传达，更关键的是必须考虑到传达后给当事人及其家属所带来的一系列影响。那么，哪些属于坏消息？告知坏消息的困难有哪些？如何告知？告知后还需要做些什么呢？

停下来想一想 ⟹ 你是否也收到过你认为不好的消息？如听到亲人或朋友突然生病或过世。你是通过哪些途径（直接还是间接，通过他人还是电话）得到这些消息的，你对这种传递途径有何感觉？是否有其他不同或好点的方式来传递这一消息？在小组内分享你的想法。

坏消息

消息是中性词，它仅是一种信息，是一种看法与对价值的判断。对消息好与坏的判断，关键取决于被告知者在得到该消息后的一种反应。就是说，明显存在个体性差异的问题。在现实生活中，确实有这样一部分人，即使是听到所谓的坏消息也表现出不以为然（如荐升不通过），对好消息也会表现出郁郁寡欢（如获得奖励等）。可见，坏消息是一个相对的概念，它取决于当事人的理解、接受程度与反应以及应对状况。因此，有人给坏消息定义为：凡是与当事人的根本愿望完全相反或者是当事人不愿意看（听）到的消息，都为坏消息。

作为为老人这一特殊人群服务的我们，许多事情可能都是坏消息。如，你不小心丢弃了老爷爷心爱的破棉袄或打碎了老人破旧但心爱的水杯；老人不小心摔倒了等。当然，还包括更大的事情，如要告知老人患有肿瘤或其家人出了事故（如车祸、死亡）等。这里要特别提醒的是，由于老人的特殊性与坏消息的相对性，在告知老人消息时，切不可“推己及人”或“掉以轻心”，要求我们不单要考虑告知后老人的反应，还要求我们在告知过程中密切观察老人的反应。更重要的是，在告知前对老人要有一个比较全面的了解。

其实，不管是什么样的坏消息，对当事人而言，都会造成一定的心理冲击或创伤，特别是重大的坏消息。这种心理冲击或创伤对个体的身体、精神及社会功能都会产生持久的影响。有研究指出，这种心理冲击或创伤可表现为以下几个方面。

○ 可以诱发心血管疾病。
○ 使神经活动进入抑制性保护状态，导致认知活动功能下降。
○ 情绪调节能力下降，表现为不能根据外部环境的改变及时调整自己的情绪。
○ 容易出现物质依赖，如过度饮酒、吸烟或吸食毒品。
○ 容易做噩梦，出现睡眠障碍；甚至出现抑郁与自杀倾向。

停下来想一想 ⟹ 在你的成长经历中，是否也遇到一些不得不面对的坏消息，如你不小心损坏了爷爷（或其他长辈）心爱的东西。发生后你在想些什么？是如何告知他们的？他们的反应如何？

模拟情景练习 ⟹ 就上述问题或另设问题，分组讨论该如何告知？告知前或告知后应注意的事项，以及最好告知谁、如何告知等。讨论形成统一意见后采取模拟场景的形式进行演示。

现在你是否觉得要告知坏消息不像你想象中那么容易了。困难在哪呢？

告知坏消息的困难

从上述学习中，我们已经意识到告知坏消息的困难主要涉及个人（告知者与被告知者）、情感（对该消息的看法）及社会因素（包括社会地位、人际关系、经济状况等）等。现在我们一起来看看，下面这些因素是否是你体会到的导致告知坏消息困难的原因。

○ 作为告知者，觉得事情重大，害怕难以完成该任务（可能是担心自己的能力与水平有限而影响告知效果，以及告知后可能会发生不可预见性的问题等），以及害怕影响与被告知者之间的关系等。

○ 害怕会扰乱被告知者的生活、学习、家庭与经济状况等。
○ 对被告知者的反应心中没底或害怕看到他们的情感反应。
○ 不知道怎么做才最好（自身缺乏经验或技能）。
○ 对自己在告知过程中的表现（如可能哭泣等）缺乏信心。
○ 不确定告知后的发展情况或不知道告知后该怎么做等。

思考一下是否还有其他原因？答案是肯定的！因为，如上所述，一个坏消息给当事人带来的是一系列连锁反应问题，这些问题会因人、因时、因事而异，并存在明显的不可预测性。所以，再次提醒我们对告知坏消息要慎之又慎。

当然，也要清醒地认识到，告知坏消息是我们工作的一部分，是我们不愿面对但又必须面对的事情。我们唯有接受现实，勇敢地直面现状，只要我们掌握好一定的理论知识与技能并进行实践，是完全可以克服这些困难的！

【案例说明】

某开业不久、专门针对港澳老人开设的高端养老机构，迎来了第一位香港老人何伯入住。何伯今年 72 岁，是专门从海外回国养老的，因香港养老费用很贵，经多方考察，选中该养老机构。何伯的到来给该机构带来了生机与活力，机构也借此大做宣传。然而，何伯入住的第三天，就出现低烧，多方治疗一直不退。近几天，何伯发现他的左舌缘出现一白色毛绒状斑块，有明显烧灼感，随即到医院就诊，诊断为：口腔毛状白斑。同时，检查发现何伯是人类免疫缺陷病毒（HIV）携带者。

这个检查结果如同一颗原子弹，引发了一系列问题。是否要告知何伯？如何告知？告知后何伯会有什么反应？又该如何安顿好何伯？与何伯密切接触的工作人员又该如何处理？能否保密？如被外界知道是否会影响到机构的未来等？

毫无疑问，这个消息对与何伯有关联的任何一个人而言都是坏消息，而且是一个十分沉重且较难处理的坏消息。带着这些问题，我们来学习一些告知坏消息的方法与技能，希望能从中找到合适的处理方案。

告知坏消息

要解决这一问题，又要回到我们第一章学习的内容，即沟通包括的七方面基本内容（5W2H）：Why——何因：指沟通的目的、目标；Who——何人：指沟通的对象；What——什么：指沟通的主题或内容；Where——何地：指沟通地点；When——何时：指沟通时间的选择；How——如何：指实现沟通目标的手段；How much——多少：指能达成什么共识。

在我们逐一学习之前，我们先来解决上面已经提及的一个重要问题——就是告知前必须全面了解被告知者的相关信息。这是一个十分重要的环节，是保证有效沟通的基础与前提，因为一切工作的开展必须以被告知者的具体情况而定。因此，必须先全面了解被告知者的家庭、文化程度、身体状况、性格特点、经济情况、宗教信仰等相关信息，才能做到有的放矢、规避风险。如因出现被告知者忌讳的语言、行为或与风俗习惯相违背的事情，而一下子引发被告知者的反感情绪，以及告知后被告知者可能发生危及生命的问题（如心脏病发作或寻短见）等。

停下来想一想 ⟹ 如何做才能了解被告知者的家庭、文化程度、身体状况、性格特点、经济情况、宗教信仰等相关信息？认真思考后在小组中分享。

● **Who——何人，即谁告知，告知谁**

谁告知。基于多种因素考虑，从理论上讲，应该是最有利于事态发展、最能减少负面影响的人作为告知者最合适。这里要避免一些误区，不是职位最高、最有经验的人就最合适，也不是与被告知者最亲近或当事人最合适，更不能为了推卸责任或害怕承担责任而找最听话或最下层的人来充当告知人。

建议：告知者应该是较熟悉情况和（或）与被告知者接触较多、具备一定沟通能力的人。这样可以提高被告知者的信任度，以及有效掌控事态的发展。对比较重大的、复杂的坏消息，建议通过集体讨论来确定告知者及告知方案。

同时，对于告知者，在告知前心里应该有这样一个定位——你代表的不是你个人，而是一个集体（除非是你的个人事务）。当然也必须对以下几个方面做充分考虑与准备。

○ 你准备好了吗（不单指心理准备，还包括采取的方式方法与技能）？

○ 选择在哪里告知？是否合适？是否有足够的时间？

○ 是否需要其他人在场（如家属、其他同事）？

○ 被告知者对该消息的了解程度？可能会有什么想法？

○ 有没有如"如果……怎么办？"的问题要准备？如，如果他突然失控怎么办？如果他提出赔偿怎么办等？

告知谁：从理论上讲，应该是当事人。但也要根据具体消息与当事人的具体情况来综合考虑。当告知后可能对当事人有较大的影响（包括身体、心理等）或导致事态扩大时，可以先告知其家属或者能代替当事人做出决定的人。但无论选择谁，告知者都应该将上面提到的问题做充分考虑与准备。还有，有一些特殊当事人肯定是选择其亲属作为告知对象的，如已不能正常沟通的阿尔茨海默病老人或患有严重心脑血管疾病的老人等。

有文献建议，在告知前，与被告知者的亲属先进行一定的沟通会起到一定的积极作用。

停下来想一想 ⟹ 告知后，如果被告知者或家属出现哭喊、愤怒或过激行为，你该怎么办？

动动手查一查 ⟹ 人们在应急事件面前可能有哪些心理反应与应对行为？查找出来，在小组中分享。

模拟情景练习 ⟹ 你比较亲近的好友哭泣着告诉你最近发生的不幸消息时，你会怎么做？你的好友希望你怎么做？模拟上述事件，分组讨论，总结出具体做法，选出代表进行讲述。

● **What——什么，即告知坏消息的内容**

就告知内容的次数而言，无非有两种情况：一是直截了当的一次性告知；二是采取两次或多次循序渐进的方式告知。这要求告知者审时度势来进行选择，选择的关键点在于你对被告知者的了解，以及对告知过程中可能出现的具体情况的预测与把控。

就告知内容的程度与强度而言，主要是根据我们对被告知者告知前的了解，以及交谈中对方情绪反应的强弱程度来决定。在一般情况下，在预约谈话前，被告知者往往会对本次谈话的内容做一定的猜测或估计，就是说对方对可能谈及的问题多少有一定的考虑，我们可以通过密切关注被告知者在告知前及告知过程中的反应与情绪变化等，在一定程度上判断出告知后被告知者可能会发生的情况，从而决定给予信息的程度与强度。建议为有效缓解沟通氛围，应该以被告知者已知的信息或共同关心的话题作为告知时的引入。如在交流过程中，被告知者出现一些较为激烈的反应，应立即中断沟通，也不要给予过多干预。你可以在对方情绪稍微稳定后，尝试这样说："我知道这件事对你来说很难面对，但请安静下来，我们一起想想办法。"

讲到这里，就涉及 How——如何：即实现沟通目标所采取的手段。

● **How——如何：指如何告知**

为更好地理解如何告知，我们通过一个发生在医院老年病区的具体案例来展开学习。

○ **告知过程要循序渐进，并给予被告知者一定的安慰与同情。**

姚医生是李病人的主治医生，下面是姚医生告知李病人坏消息的谈话过程。

姚医生（站在李病人的床边，拉着李病人的手，眼睛看着他）："李先生，您好！今天感觉怎么样?"

（开场白很重要！用朋友般的寒暄开始，可以让病人放松，从而建立起良好的关系。）

李病人："比上周感觉好多了。"

姚医生："听到您这样说我很高兴（语气中充满着高兴）！我现在有个关于您健康的问题想跟您聊聊，您觉得今天可以吗?（用较低沉的声音并仔细观察病人的反应）"

（后面这句话既起到征询病人意见的作用，又达到缓冲病人的情绪和判断病人的反应的作用。）

李病人："好的，你说，我也想知道。"

姚医生："对于不太好的事情，人无论如何都很难做到足够的准备。我想说的是，您的检查报告出来了，（停顿一下）很遗憾，就是我们担心的，那个肿块不是很正常（语气中充满着无奈与惋惜），但关键是我们要尽快处理它（坚定的语气）。"

（中间的停顿与循序渐进是为了观察病人的反应。并可预告坏消息的来临。在整个谈话过程中，医生一直采用共情技能来表达出对病人的同情与对事态的关注，以及对病人疾苦的体谅。）

停下来想一想 ⟹ 再次回顾一下共情的相关知识，如何做到共情？在小组中分享。

○ **尽可能获取被告知者对该信息的态度，对其提出的问题作出解答。**

继续以上案例：

李病人："你的意思是说'癌症'？"

姚医生："是的，但是相对好的那一种。"

（实事求是，不否认但给予一定的希望。）

李病人："我知道意味着什么。"

姚医生："我想这让你感到震惊。你听过或见过这样的病人吗？他们现在怎么样了？"

（了解病人对信息的既有知识，为下面的沟通打基础。）

李病人："听过，各有不同。"

姚医生："你想知道有关诊断、检查与治疗的一些情况吗？"

（征询病人对信息的需求，如需要，可以提供更多的信息。）

李病人："我知道一些，但我相信你。"

姚医生："这样的话，我就为你安排接下来的治疗，好吗？"

（通过征询，适当安排下一步的工作。）

李病人："好的！拜托了。"

在这一环节，仔细聆听、听取意见、换位思考、寻求配合是最重要的。

○ **排解被告知者存在的问题，给予切合实际的希望。**

继续以上案例。

姚医生："就治疗而言，你还有什么问题需要我帮助吗？"

（与病人建立同盟，给予一定的心理支持。）

李病人："如果手术不成功又该怎么办？"

姚医生："就你的情况而言，手术的成功率是比较大的。当然，也有可能出现问题，我也希望你有思想准备，如果不成功，就要考虑进行化疗。"

李病人："化疗，头发会掉光，对吗？"

姚医生："大多数人是这样的，总会有些负面影响的。但现在考虑化疗还为期过早，我们回到如何手术好吗？"

李病人："手术问题我相信你。我这样子需要终身治疗吗？"

姚医生："我刚才说了，你手术的成功率较高，我不能保证能治愈，但希望情况会有所改观。如果不遂人愿，就只能化疗了，我们会密切观察你的情况，放心。你还有其他问题吗？"

李病人："没有了，谢谢。"

在这一环节，有个很重要的建议：在确认被告知者的主要担忧后，要将可能是无法抗拒的事情化为相对可控制的担忧，排出优先次序，将最坏的结果与要做的事情分开。同时给予切合实际的希望并与被告知者建立同盟。通过一环扣一环的沟通，既有效解答了被告知者关注的问题，缓解了被告知者的情绪，又为后续工作的确定奠定了一定的基础。

通过该案例的学习，你是否发现，通过电话或书信来告知坏消息是个极大的错误。

停下来想一想 ⟹ 为什么通过电话或书信来告知坏消息是个极大的错误呢？举例说明，并在小组中分享

○ **告知坏消息后还要密切观察，给予被告知者足够的关心与帮助。**

告知坏消息后并不是告知的终结！后续的工作同样至关重要！因为人的情感是变幻莫测的。特别是对于收到坏消息的人，其情感变化更是难以捉摸。因此，我们必须高度重视告知后的后续工作。

继续以上案例。姚医生当晚专门到病房看望李病人，发现李病人在哭泣，李医生走过去，轻轻拍拍他的后背。

姚医生："看来你遇到困难了，需要我帮你什么吗？"

（用同盟的角色，及时了解病人存在的问题。）

李病人："都是我的错，要是我早点来检查，事情就不会这样了。"

姚医生："这不是谁的过错问题，对已发生的事情我们已无力改变。现在我们要做的事就是积极面对。"

（及时进行心理疏导。）

李病人："道理我懂。（又哭泣）但我没办法放下。"

姚医生：（静静地陪着，等待对方情绪安定下来）"能否告诉我，你最担心的是什么吗？"

（找出问题的关键所在。）

李病人："我还有许多事情没有做，今年我的宝贝孙女还要出国。"

姚医生："你认为你的病会对她产生什么样的影响？"

（及时了解病人的真实想法或顾虑。）

李病人："我希望我的病不会影响到她出国，她太懂事了，我们一起生活了 13 年，她真的可能会因为这事而放弃出国。"

姚医生："你考虑过要怎样告诉你孙女吗？"

李病人："太难了。我想迟一点再告诉她，到时帮我一下可以吗？我相信你的能力。"

姚医生："当然可以！我们一起来面对，我相信你的孙女会理解的。既然考虑迟一点再告诉她，你更要积极面对、保持好心情，别让她察觉了。我很敬佩您！您是最好的爷爷！"

（再次建立同盟，给予行动、心理支持与鼓励。）

李病人："有你在我身边，我就踏实多了。谢谢！"

你是否能体会到李病人复杂的心理？其实，在重大问题面前，每个人都是这样的。你是否也觉得姚医生具有很高的沟通技能与情商？

动动手查一查 ⟹ 什么叫情商？有何作用？如何提高情商？分组找出来，在小组中分享。

● **Where——何地：指沟通地点的选择**

地点的选择对沟通效果也有直接的影响。一般情况下，要考虑两个因素：一是选择一个相对安静、舒适、免受外界干扰的私人空间。在告知过程中最好不要有外人在场（家属和其他工作人员除外，这也要根据实际情况而定）。若因条件限制，必须选择在人群密集的地方，也应在房门口挂上"请勿打扰"的标志。这既有利于保护被告知者的隐私，也有利于被告知者情绪的稳定，以及发生情绪反应后的处理。二是应选择一个彼此合适的位置，采取一种相对放松的姿势，保持合适的距离相视而坐。这样，可避免因距离的问题（太远易产生陌生或畏惧感，太近易产生压迫感）让被告知者产生错觉，又利于直接观察被告知者的反应。

停下来想一想 ⟹ 应用第一章所学到的知识，给出一些关于位置选择的建议与要求。

● **When——何时：指沟通时间的选择**

时间的选择包括时间的及时性与谈话时间宽度的选择。

在时间的及时性上，原则上要求在最短的时间内将坏消息告知被告知者，以免因其他因素（如被告知者从他人得到不完整或不真实的信息）影响沟通效果，而引发其他问题；当然，如果尚未做好充分准备而仓促告知也是不合适的，这也不利于事态的发展。因此，要尽可能以实现沟通目的的要求来考量，做到具体分析、运筹帷幄、掌控有度、能早即早。

在时间宽度上，必须要保证给予告知过程有足够的时间。因为告知后被告知者的反应是不可预知的，千万要避免出现因时间仓促，导致沟通不全面，以及给被告知者产生敷衍了事、走过场的感觉，这会极大地影响沟通效果。

● **How much——多少：指能达成什么共识**

基于告知坏消息后的不可预测性，以及个体接受问题的过程性（特别对涉及重大问题的坏消息），建议以让被告知者能全面地、清晰地理解该消息的实质为目的，对达成多少共识，应该随着事态的发展来做决定，切不可操之过急。如，被告知者在被告知后出现举棋不定或因各种原因未能决断时，最好等被告知者及其家属有明确表态后再做决定。当然，可以就下一步要进行的工作做好计划，并给予一个比较宽松的时间，利于调整。切不可在仓促中决定下一步要做的特定工作（如治疗、赔偿等，除非被告知者已做明确表达）。

知识链接

告知过程中的一些建议

（1）对被告知者做全面了解与评估。

（2）选择安静的环境度并注意私密性。

（3）从共同关心或熟悉的话题开始。

（4）采用专注的表情，同情的目光，正确的肢体语言。

（5）留有足够的时间，保证告知过程的完整性，避免中途被干扰。

（6）认真聆听，了解被告知者知道什么，需要什么，以及对情况的描述，注意观察其情绪反应，逐步评价被告知者的状况，以决定采取的策略。

（7）做好应对哭泣、生气或其他激烈情绪等的准备。

（8）不采用电话或书面的方式告知坏消息。

告知后告知者负面情绪的干预

每个人都是有情感的，情感是可以相互影响并引发共鸣的。因此，在告知坏消息（特别是告知生死攸关的消息）后，每个人都难免会暂时（或保持一段时间）处于一种不太好的状态，以及产生一系列的负面情绪（如担心被告知者会对自己不满意或迁怒于你，或自身感到愧疚、悲伤，或引发自身以往的记忆等）。这种情绪如果不及时干预，同样不利于告知者的身心健康与工作。因此，要引起我们的高度关注。

下面是告知者面对或避免发生负面情绪的一些建议。

○ 明确告诉自己，自己只是一名信使，尽力做好就行。当然，如果这个坏消息与告知者密切相关，告知者要清醒地认识到这是一个给予自己去尽力补救、努力做到最好的机会，更要放下所有情绪来积极面对。

○ 如果目前恰好告知者也处在类似的时期（如近期自己或家庭也遇到相似的情况），告知者可能更容易变得情绪化。这时，最好对同事如实相告，请他们另外选择告知者。如果确实需要自己作为告知者，那么在告知前必须尽可能调整好自己的情绪，或找个同事陪同一起告知；在告知过程中要尽可能避免在被告知者面前出现过于情绪化的表现（如哭泣等），因为这样会加大双方的情绪反应。

○ 如果告知后告知者的情绪仍难以平复，不要假装什么事都没有发生（毕竟这样的工作对任何一个人来说都不是容易的事），而应该找同事或朋友倾诉一下，必要时向其他有经验的同事寻求帮助。

○ 对于经验不太多的新手，每次告知后，与同事一起回顾一下告知过程并寻求反馈意见，将有助于克服负面情绪并不断提高沟通技能。

○ 可以在平时进行以下训练，并在告知后实践，也会在一定程度上帮助告知者尽快摆脱负面情绪的困扰。

□ 学会放松。可以采用深呼吸、自我暗示等方法。

□ 学会转移。有意识地通过做其他事（如打球、听音乐等）来分散注意力，也可使情绪得到缓解。

□ 学会宣泄。及时地选择恰当的对象、地点、场合与方法将内心的情绪释放出来（如找朋友或亲人诉说或大哭一场）。

□ 学会自我安慰。找一些合适的理由安慰自己。

□ 学会幽默。幽默是一种特殊的情绪表现，也是适应环境、排解情绪的工具。学会将负面、烦恼的事情，用幽默的方法表达出来。

【实操训练】

告知坏消息中的技能应用

目标——

有助于提升对告知坏消息困难的认识，提高沟通技能应用能力。

要求——

相对独立、安静的课室。

纸、笔、书本。

实训说明——

1. 时间安排（表 6-1）

表 6-1　时间安排

活动内容	预计时间
活动介绍	5 分钟
分组并按要求开展活动	10 分钟
小组总结并分享	25 分钟

2. 实训规则

第一步：两人一组，模拟本章病例，分别扮演姚医生和李病人进行练习。

第二步：可以按病例对话内容进行演示（不一定按原话，保留原意即可），也可以围绕该主题设置其他问题进行练习。

第三步：选择上面较好的作品用小品形式在班中模拟展现。练习后分享自己的感受或体会，提出告知坏消息过程中的建议与意见。

你所扮演的角色，主要的感受或体会：

建议与意见要点：

【情景模拟】

学会告知坏消息

目标——

有助于提升对告知坏消息的认识，提高应用这方面沟通技能的能力。

要求——

相对独立、安静的课室。

纸、笔、资料等。

情景案例：

情景一：你看护的张爷爷突然跌倒，引起骨折。用你学到的知识，你该如何告知家属这个消息。要点：按照 5W2H 的要求进行练习。

情景二：你不小心打坏王爷爷的茶壶，这个茶壶是王爷爷爱不释手的宝物，他把它当做心肝宝贝，听说价格不菲，你该如何告知？要点：你考虑在何时何地告知王爷爷？告知后如果王爷爷暴跳如雷，你该怎么办？如果要你赔偿，你又该怎么办？你准备怎么做？

模拟说明——

1. 时间安排（表 6-2）

表 6-2　时间安排

活动内容	预计时间
活动介绍	5 分钟
分组并准备展示内容	1 天
进行展示	10 分钟
小组总结并分享	25 分钟

2. 实训规则

第一步：分两个小组分别选择以上情景，由小组成员分别扮演其中角色进行情景展示。

第二步：展示后，要求每个成员轮流表述观点，再进行分析讨论，形成小组意见。

分组名单与扮演的角色：

场景设计要点（时间、地点、环境、氛围与要求等）：

主要的感受或体会：

建议与意见要点：

第七章　与“特殊”老人的沟通

【学习要点】

◆ 识记：与患有常见老年病（包括高血压病、冠心病、糖尿病、老年性耳聋、阿尔茨海默病和老年抑郁症）老人沟通的技能要点；与失能老人、临终老人沟通的技能要点；与患有常见老年病（包括高血压病、冠心病、糖尿病）老人及阿尔茨海默病老人沟通的共同要点。

◆ 理解：常见老年病（包括高血压病、冠心病、糖尿病、老年性耳聋、阿尔茨海默病和老年抑郁症）的临床表现与防治；老年抑郁症、阿尔茨海默病、失能老人和临终老人的心理特征；阿尔茨海默病早、中、晚期老人沟通障碍的特征。

◆ 运用：与患有常见老年病（包括高血压病、冠心病、糖尿病、老年性耳聋、阿尔茨海默病和老年抑郁症）老人沟通的技能要点；与失能老人、临终老人沟通的技能要点。

【引导案例】

张奶奶是一位87岁的老人，有10年的高血压和糖尿病病史；自55岁起就患有高脂血症、动脉硬化和骨质疏松症；她的左眼曾发生视网膜脱落；以前还有过痔疮……由于年纪较大，老人的感觉和视力都比较差，听力有所下降，沟通存在一定困难。生理功能也开始下降，最多只能提2公斤的物品，自己总感觉疲乏和腰背痛。最近一段时间，老人总感到头晕、无力，记忆力开始减退，家属反映老人近几年特别爱抱怨，对各种事情看不惯，心情差。

案例点评：

从案例可以看出，随着年龄的增长，人体都会发生多种变化，出现身体、精神、心理等方面的问题，如患有疾病、体力与视、听力及记忆力下降、情绪变化等。这些问题大多都与衰老有关，是人类生存过程中客观存在的必然事实。它不仅会严重影响老人的生活质量，还会给我们的服务带来很大的挑战。

本文所指的“特殊”老人，泛指明显存在身体、精神、心理等问题的老人。面对这些“特殊”老人，必须做到以下三点：一是要正确地认识到这些问题是由于衰老等原因造成的，是客观存在的必然事实，我们唯一能做或要做的仅仅是控制与延缓这一进程；二是要认识到这些问题已经在困扰着我们的老人，我们必须帮助他们，尽可能减轻他们的痛苦，想方设法来提高他们的生命质量；三是要在服务中做到科学、专业、到位、贴心，不单要求我们具备一定的医学专业知识与技能，还要求我们必须掌握一定的沟通技能。

知识链接

寿命论的三个观点

观点一：人的生长成熟期应是生长期的5～7倍。人类自然生长期是20～25岁，以此推算，人类的自然寿命应为100～175岁。

观点二：寿命为性成熟时间的8～10倍。人类性成熟是在14～15岁，自然寿命就应该在110～150岁。

观点三：以每次细胞分裂周期2.4年乘以细胞分裂次数推算，人类细胞平均分裂50次，自然寿命为120岁。

由此可见，每个人都有成为“不老的神话”的可能。

与患有常见老年病老人沟通的共同要点

老年病又称老年疾病，是指人在老年期所患的与衰老有关的，并且有自身特点的疾病的总称。这些疾病具有以下共同特点：一是病因往往不十分明确；二是病程长，恢复慢，有时可发生突然恶化；三是没有明显的症状与体征，临床表现初期不易察觉，症状出现后呈多样化；四是同一种疾病在不同的个体差异很大；五是一个老年病患者往往同时患有几种疾病；六是目前在治疗控制病情方面，往往缺乏特效方法。

知识链接

老　年　病

老年病通常包括以下三方面：一是老人特有的疾病，这类疾病只有老人才有，并带有老人的特征。在老人衰老过程中，发生功能衰退和障碍，如阿尔茨海默病、老年性精神病，老年性耳聋，脑动脉硬化及由此引起的脑卒中等。这类与衰老退化变性有关的疾病会随着年龄的增加而增多。二是老人常见的疾病：这类疾病既可在中老年期（老年前期）发生，也可在老年期发生。但以老年期更为常见，或变得更为严重。它与老人的病理性老化，机体免疫功能下降，长期劳损或青中年期患病使体质下降有关，如高血压病、冠心病、糖尿病、恶性肿瘤、痛风、老年性变性骨关节病、老年性慢性支气管炎、肺气肿、肺源性心脏病、老年性白内障、老年骨质疏松症、老年肺炎、高脂血症、颈椎病、前列腺增生等。三是青、中、老年皆可发生的疾病，但在老年期发病者有其特点。这类疾病在各年龄层都有发生，但因老人功能衰退，同样的病变，在老人则有其特殊性。例如，各个年龄的人都可能发生肺炎，在老人则具有症状不典型、病情较严重的特点。又如，青、中、老年皆可发生消化性溃疡，但老人易发生并发症或癌变。

根据老人的特殊性及老年病的疾病特点，对老年病防治的重点是健康管理三级预防中的二级（早发现、早诊断与早治疗）和三级（对症治疗、防止病情恶化或复发、预防并发症与伤残）。因此，除提醒我们要应用好第一章、第二章中学到的主要沟通技能与要点外（如建立良好关系、个性化、同理而非同情、询问而非命令等），必须围绕着 WHO 提出的人类健康四大基石——合理饮食、适量运动、戒烟限酒和心理平衡这一共性内容，来针对性地开展沟通，促进老人的健康长寿。

● 饮食方面

“民以食为天。”饮食关乎着老人的生活质量及癌症、心脑血管等重大疾病的防治问题，是保持老人精力充沛的基本保障。总体来说，要通过认真细致地宣教与指导来让老人做到——尽可能平均分配一天的摄食量，少食多餐，不漏餐；每日至少三餐，四餐、五餐更佳；每顿饭只吃八、九分饱；多食用低动物脂肪、低胆固醇、低盐的食物，以及富含纤维素、维生素、微量元素的蔬菜和水果，要补充足量的优质蛋白；不宜多吃海鲜类食物；避免吃刺激性的食物，喝刺激性强的饮料等。

● 运动方面

运动是提高老人心肺功能，保护心血管，防止骨质疏松，减轻精神压力及延缓衰老的最佳途径。对老人来说，有氧运动是最适合的锻炼方式，如散步、慢跑、游泳、跳舞、骑自行车等；要提醒并指导老人在锻炼时应遵循从小运动量开始、循序渐进、持之以恒的原则，同时要注意根据季节与个人情况选择合适的运动项目；至少每周运动三次，每次或相加在 30 分钟以上，且锻炼的时间尽量选择在下午和晚上；如果清晨锻炼，注意不宜空腹进行等。

合理膳食和适量运动还能帮助老人保持合适体重、预防多种严重老年病的发生。

● **戒烟限酒方面**

为确保本已衰老的老人避免有害刺激、减少诱发因素等，动员并帮助老人戒烟限酒，以及破除其他不良嗜好是我们工作中不可或缺的内容。

● **心理平衡方面**

这方面最重要。现代医学发现，人类65%～90%的疾病与心理压抑有关。紧张、愤怒、敌意等不良情绪容易破坏人体免疫系统，易患高血压、冠心病、动脉粥样硬化等病症。

对安享晚年的老人来说，要让他们清晰明白每个年龄段应该有属于这个年龄段的生活，以及知道生命是有生才有命，过好每一天才是最重要的道理。通过协助与配合老人，让他们的生活脚步慢下来，好好品味人生，欣赏夕阳的景色，享受向社会提供自己辛勤劳动后的成就感，享受无忧无虑的轻松生活与品味酸甜苦辣的回忆所带来的别致感觉；让他们随心所欲、顺其自然、随遇而安，但不逾矩，保持从容安定的心理状态，帮助他们追求身体健康与生命质量。

当然，也要通过我们的细心观察与服务，来有效避免老人长期卧床，以及呼吸道感染等疾病的发生，有效控制老人的便秘、过劳、跌倒及其他意外事件的发生；对老人定期进行体格检查，做到对老年病的早期发现、早期诊断与早期治疗。同时，要积极配合医务工作者做好对老人已患疾病的有效控制与缓解病痛。

由于篇幅有限，本文仅介绍老人常见的高血压病、冠心病、糖尿病、老年性耳聋、老年性抑郁症和阿尔茨海默病等疾病，以及失能老人、临终老人的沟通要点。

【知识连接】

老人在生活中要能适度地表达与控制自己的情绪，不愉快的情绪必须释放或宣泄。需注意的是，在发泄时不要过分，否则，既影响自己的生活，又加剧了人际矛盾。

此外，客观事物不是决定情绪的主要因素，情绪是通过人们对事物的评价而产生的，不同的评价结果可引起不同的情绪反应。老人要学会在不违背社会道德规范的情况下满足个人适当的需求。心理学家指出，当个人的基本需要得到一定程度的满足时，就会产生愉快感与幸福感。

与患有高血压病、冠心病、糖尿病老人沟通的共同技能要点

这些疾病都是老人的常见病与多发病。都与老人的年龄、心理、生活与环境等密切相关；都属于早期无症状或症状轻不易察觉，但发病后危害极大、极易发生并发症的疾病；都需要我们给予密切观察，并积极指导老人进行长期治疗的疾病。因此，三者的共同沟通技能要点有以下几点。

一是以老人为中心。以与老人建立良好关系为前提，以增进他们的健康及防止并发症发生为目的，以帮助、提醒与个性化服务为主要手段来有效提高老人的生命质量。

二是切实做好心理疏导工作。要针对老人的具体情况及时进行心理疏导。既要消除老人无所谓、不按时服药与检测的麻痹大意心理，又要让他们清楚这些都是可控的疾病，消除他们焦虑、畏惧与紧张的情绪，促使他们保持良好的心态。

三是改善老人的生活行为习惯。既要让他们选择低盐、低脂、低胆固醇和低热量的饮食方式，以及戒烟限酒，又要他们加强体育锻炼，做到劳逸结合；

四是保证老人足够的休息与睡眠，积极控制危险因素。

要做到这些，除要求我们学习并应用好沟通技能外，还要清醒地认识到改变老人业已形成的习惯与心理状况不是一件容易的事情，需要我们用爱心、细心与耐心，循循善诱、循序渐进地，通过陪伴、帮助与诱导来逐步改变；切忌用指令或恐吓等方式方法。

同时，也由于每个疾病的发病机制、临床表现与防治等方面存在差异，故在沟通技能要点上也存在一定的不同。分述如下。

● 老年性高血压病

老年性高血压病是指年龄超过 60 岁，血压持续或非同时 3 次以上达到或超过高血压诊断标准，即血压≥21.3/12.7kPa（或血压≥160/95mmHg）。它是老人最常见的慢性病，也是心脑血管病最主要的危险因素。

○ 病因（或诱因）：高血压与遗传因素（30%～50%的高血压患者有遗传背景）、年龄因素（发病率有随着年龄增长而增高的趋势）、精神与环境因素（长期的精神紧张、激动、焦虑、受噪声或不良视觉刺激等）、生活习惯因素（膳食结构不合理，如过多的钠盐、低钾饮食、大量饮酒、摄入过多的饱和脂肪酸等），以及药物因素（如服用激素、消炎止痛药等）与其他疾病的影响（如肥胖、糖尿病等）有关。

○ 临床表现与防治：临床表现除血压升高外，主要有身体出现异常（出现如头晕、头痛、乏力、心悸、胸闷等症状）与情绪焦虑不安（表现为如疲劳、注意力不集中、记忆力减退等症状），严重时会发生呕吐、神志不清、抽搐，甚至在短期内发生严重的心、脑、肾等器官的损害与病变（如脑卒中、心肌梗死、肾衰竭等）。防治上，主要是保持老人心情舒畅，注意劳逸结合，严密监测血压，合理饮食（保持清淡饮食）与适当运动（控制体重）。如出现血压明显波动、过高或症状严重时要及时就诊等。

○ 沟通技能要点：首先是提醒、帮助与督促老人，让他们养成按时监测血压与服药的习惯（对年老的、视力不好的或患有阿尔茨海默病的老人，可以帮助他们将每次服用的药品分好，放置于容易辨别的器具中，便于他们服用；也可以通过便携式设备来动态监控老人的血压与提醒老人服药）；其次是控制好情绪并做到劳逸结合；再次是及时消除他们焦虑、畏惧的心理（特别是当身边有熟悉的老人因突发高血压危象或并发脑卒中、心肌梗死等并发症而死亡或失能时），让他们保持良好的心态；最后是及时发现问题，及时就医。

● 冠心病

冠心病即冠状动脉粥样硬化性心脏病，是指冠状动脉血管发生动脉粥样硬化病变而引起血管腔狭窄或阻塞，造成心肌缺血、缺氧或坏死而导致的心脏病，常常被称为“冠心病”。冠心病曾被美国等发达国家排在死亡原因的第一位。

○ 危险因素（或诱因）：冠心病的危险因素包括可改变的危险因素与不可改变的危险因素。可改变的危险因素有高血压，血脂异常（总胆固醇过高或低密度脂蛋白胆固醇过高、甘油三酯过高、高密度脂蛋白胆固醇过低），超重或肥胖，糖尿病，不良生活方式（包括吸烟、不合理膳食等），缺少体力活动，过量饮酒及社会心理因素。不可改变的危险因素有性别、年龄与家族史。此外，还与感染有关，如巨细胞病毒、幽门螺杆菌等感染。冠心病的发作又常与季节变化、情绪激动、体力活动增加、饱食、大量吸烟与饮酒等因素有关。

○ 临床表现与防治：除急性发作时发生典型胸痛（多有过度体力活动、情绪激动等诱发，突感心前区疼痛，多为发作性绞痛或压榨痛，也可为憋闷感。疼痛从胸骨后或心前区开始，向上放射至左肩、臂，甚至小指和无名指，休息或含服硝酸甘油可缓解）外，一般无明显症状，部分老人的症状不典型，仅表现为心前区不适、心悸或乏力，或以胃肠道症状为主。某些老人还可能没有任何症状。

但当发生十分剧烈的胸痛，持续时间长（常常超过半小时），含服硝酸甘油不能缓解，并伴有恶心、呕吐、出汗、发热，甚至发绀、血压下降、休克、心衰时，提示可能发生心肌梗死。约有1/3的患者首次冠心病发作表现为猝死。

防治措施包括生活习惯改变（如戒烟限酒，低脂低盐饮食，适当体育锻炼，控制体重等），药物治疗（如抗血栓、减轻心肌氧耗、调脂稳定斑块与缓解心绞痛等），以及血运重建治疗（介入治疗与外科冠状动脉旁路移植术）。

○ 沟通技能要点：除要更加严格地敦促老人按时规范服药（特别是支架植入与外科手术治疗后的老人，更必须坚持长期的标准药物治疗），以及提醒老人不宜过于劳累与注意季节变化及时添衣保暖及遇大喜大悲事情时控制好情绪外；其他方面与高血压病的沟通技能要点相同。

● 糖尿病

糖尿病是一组以高血糖为特征的代谢性疾病。其特点是胰岛素的绝对或相对不足和靶细胞对胰岛素的敏感性降低，而引起碳水化合物、蛋白质、脂肪、电解质和水的代谢紊乱，最后导致各种组织，特别是眼、肾、心脏、血管、神经的慢性损害与功能障碍。

○ 病因（或诱因）：糖尿病的病因包括遗传因素（糖尿病存在家族发病倾向，临床上至少有60种以上的遗传综合征可伴有糖尿病。1型糖尿病有多个DNA位点参与发病；2型糖尿病已发现多种明确的基因突变）与环境因素（如进食过多，体力活动减少所导致的肥胖是2型糖尿病最主要的环境因素。1型糖尿病患者存在免疫系统异常，在某些病毒如柯萨奇病毒、风疹病毒、腮腺病毒等感染后容易导致自身免疫反应，破坏胰岛B细胞）两类。

○ 临床表现与防治：可出现典型的“三多一少”症状（即多饮、多尿、多食和消瘦，多见于1型糖尿病，或糖尿病病情严重与发生酮症或酮症酸中毒时），以及疲乏无力、肥胖（多见于2型糖尿病，发病前常有肥胖）。但在临床上，目前多呈现症状不典型化态势，必须引起我们的注意。

在防治上，目前尚无根治糖尿病的方法，但可通过以下手段来加以控制，主要包括：健康宣教（普及糖尿病基本知识，树立战胜疾病的信心及严格控制血糖），自我监测血糖（学会使用快捷血糖测定仪进行每天的监测），饮食治疗（是治疗各类糖尿病的基础，一部分轻型糖尿病患者单用饮食治疗就可控制病情，包括限制总热量与脂肪含量，给予低热量、低蛋白质饮食），运动治疗（根据老人的总体健康状况与兴趣，选择适合他们的运动量与项目，如散步，快步走、跳舞、打太极拳等。主要通过运动来改善机体对胰岛素的敏感性，降低体重，减少身体脂肪量，增强体力，提高工作能力与生活质量）及药物治疗（必须在医生的指导下，定时定量长期服用）。

○ 沟通技能要点：如上所述，要老人每天自觉地按时监测血糖与服药，以及控制饮食不是一件容易的事。糖尿病症状的不典型化及危害的不显效性，常使老人放松了自觉性与警惕性，降低了按时监测血糖与服药的依从性；同时，“民以食为天”，可以想象，让一个拟通过控制饮食对其控制糖尿病的重要性与必要性还没有充足认识的老人，每天食不果腹是不太可能的事情。因此，我们的沟通要点是要用春风化雨的真诚与耐心，用通俗易懂的科学知识及活生生的案例来诱导与说服老人，让老人明确知道糖尿病的病因、危害及防治机制，从而自觉地按时监测血糖与服药，切实控制好饮食并坚持运动锻炼。同时，要尽可能做好防护工作，以避免感染的发生（特别是行动不便的老人）。对已发生感染或出现皮肤瘙痒等问题的老人要及时加以控制。

停下来想一想 ⟹ 当你发现你所负责的、患有糖尿病的老人平时偷偷吃糖果时，你会怎么做？会采取哪些方法来防止这类问题的再次发生？举例说明，并在小组中分享。

知识链接

心身疾病

心身疾病是一组发生发展与心理社会因素密切相关，但以躯体症状表现为主的疾病。国内资料显示，在综合性医院的初诊病人中，有近1/3的患者所患的躯体性疾病都与心理因素密切相关。心身疾病是心理因素与生物因素综合作用的结果，是由生活事件、精神应激与情绪反应所引起的，存在明显的个体易感性，这些因素之间又互有联系与影响。

上面所述的高血压、冠心病与糖尿病都属于心身疾病的范畴。在临床上除主张早发现、早诊断、早治疗外，还应进行心身综合治疗。

心身疾病的预防应同时兼顾心、身两方面。主要从两个方面进行：一是从个体来讲，需要个人培养健全的性格；保持良好的情绪，建立有效的心理防御机制；锻炼应对能力；形成良好的人际关系，增强自我保健意识，具有良好的求医行为。二是从社会来讲，做好家庭预防，以积极的态度去适应与解决各种实际问题，家人间要严于律己、宽以待人、避免矛盾激化；在社会预防方面，创造良好的工作环境，制订相应的规章制度，确保各种工作条件无损于健康，形成健康的社会风气，避免人为的精神创伤，个体间相互关照，以良好的情感氛围确保每个人的身心健康。

与老年性耳聋老人沟通的技能要点

停下来想一想 ⟹ 你有过与听力不太好的老人讲话的经历吗？你是如何让老人听清楚的，又是如何确认老人已听清楚？在小组内分享。

临床上将老年开始出现的，双耳对称的，渐进性的神经性耳聋称为老年性耳聋。这是系列增龄性衰老现象中的一种，是由于听觉系统衰老而引发的听觉功能障碍。有研究表明，男性约从45岁以后开始出现听力衰退，女性稍晚。随着人类寿命的延长，老龄人口的增多，老年人耳聋的发病率也将有所增加。

● 病因（或诱因）

导致老年性耳聋的因素很多，大致可分成内在因素（包括遗传因素与全身因素。全身因素包括情绪紧张，以及患者诸如高血压、高血脂、冠心病、糖尿病等慢性疾病）与外在因素（如环境噪声、高脂肪饮食、吸烟酗酒、接触耳毒性药物或化学试剂、感染等，这些因素均会引发或加重老年性耳聋的发生发展进程）两大类。

● 临床表现与防治

老年性耳聋大多是双侧感音神经性耳聋，双侧耳聋程度基本一致，呈缓慢进行性加重；其听力下降多以高频听力下降为主，如先对门铃声、电话铃声、鸟叫声等高频声响不敏感，后逐渐对所有声音的敏感性都降低；有些老人可表现为言语分辨率降低，主要表现为虽然听得见声音，但分辨很困难，理解能力下降，这会引发老人与他人交谈困难而逐渐不愿讲话、孤独自己的现象发生；也有部分老人可出现重振现象，即小声讲话时听不清，大声讲话时又嫌吵，他们对声源的判断能力下降，有时需要用视觉进行补偿（如在与他人讲话时会特别认真地注视对方的面部与嘴唇动作）；同时，多数老人伴有一定程度的耳鸣，开始时仅在夜深人静时出现，以后会逐渐加重，持续整日。

在诊疗上，尚无确切的方法可以用来逆转听力衰退的进程。主要以在日常生活中注意预防保健，来延缓听力衰退的进程。如，注意营养，多补充多种维生素和锌、铁、钙等微量元素（尤其是锌元素），以及能改善内耳微循环（如银杏叶制剂，丹参制剂）的保健品；保持情绪稳定（情绪激动容易导致耳内血管痉挛），以及尽可能远离噪声刺激（减少噪声对双耳的冲击与伤害）。当然，戒烟限酒与加强体育锻炼也是必须做到的。

● **沟通技能要点**

○ 多尝试多重复。用足够的爱心与耐心，多鼓励老人进行沟通，增强互动，与老人讲话时力求简短、简洁明了。当老人表述正确时，给予眼神与语言的双重肯定；逐渐摸索出能让老人听清楚的声调、语速及彼此之间合适的距离等，并记录下来。切不可有厌烦情绪及一蹴而成的心理。

○ 充分运用肢体语言和面部表情等非语言沟通技能。这是有效弥补听力下降的最好途径。如，与老人讲话时，要让自己处于一个比较明亮的地方，让老人看清我们讲话的表情与口型（如戴着口罩，最好是摘下来），并要面对老人，看着老人的眼睛，也可轻握老人的手让老人注意力集中，并根据谈话内容辅以一定的表情、手势等肢体语言，来丰富语言的内容与力度。

○ 与重度耳聋老人交谈时，表情、口型等可适当夸张；节奏要放慢，让老人慢慢体会，直到听明白；当然也可以配合书写等其他形式来加强效果。

○ 对听力衰退比较严重、有条件的老人，可协助老人选择、佩戴合适的助听器，并为其调整合适的音量，让老人接受并适应。

动动手查一查 ⟹ 老人除老年性耳聋外，还可能存在如传导性耳聋、混合性耳聋、感音神经性耳聋与中枢性耳聋等，如何鉴别？在沟通中如何应对？查出来，在小组中分享后汇总，选派人员在班里讲述。

与老年抑郁症老人沟通的技能要点

【案例说明】

李先生，78 岁，一直以来与妻子的关系十分亲密。半年前妻子去世后入住养老机构。妻子的离去让李先生很难承受，一直很伤心。入住养老机构后，虽然在一般情况下会遵守与别人的约定及机构的制度，但逐渐变得封闭与暴躁，整天发牢骚，一有空就按铃呼叫护理人员。李先生以前是一个多才多艺的人，但现在已经完全失去参加任何活动或节目的兴趣，不管如何劝说都无效。

近日，李先生突然开始赠送自己的私人物品，护理人员也发现他似乎越来越沮丧。他打电话叫女儿过来看他，并告诉女儿，希望自己可以得到最终的平和，因为他已经没有了活着的理由，生活对他已经没有任何意义。

查阅李先生的入住档案，发现他患有轻微的 2 型糖尿病、前列腺增生与冠心病，目前还没发现其他疾病。

最后，李先生在家人的陪同下到医院进行检查，诊断为：老年抑郁症。

停下来想一想 ⟹ 什么是老年抑郁症？老年抑郁症是怎么发生的？查找出来，在小组中分享并讨论。

丧偶是进入老年期后不可避免的应激事件，也是人一生中应激强度最大的负性事件之一，特别是对于相濡以沫大半辈子的老人。从案例可以看出丧偶给李先生带来了巨大的冲击，这时，家人就成为了李先生最主要的、也可以说是唯一的有效缓解悲伤情绪的支持来源，然而李先生却被安排入住养老机构。其实，老年抑郁症的发病比较隐蔽，从患病到确诊有较漫长的过程。李先生入住养老机构后的种种表现不仅仅是丧偶及对新环境的不适应的结果，更是其负面情绪一直困扰，以及缺少家庭亲人的有力支持的结果。由于一直得不得排解，才慢慢发展为老年抑郁症。

老年抑郁症是老年性精神病的一种，是指发生在55岁或60岁以上，以显著而持久的情绪低落为基本特征的心境障碍，并伴有相应的思维迟缓及言语活动减少的行为改变。其病因与大脑的退行性变化，以及老年期频繁遭受精神挫折等有关。该病有反复发作倾向，间歇期精神活动基本正常，预后一般尚好。但危害性不容忽视，如不及时诊治，会造成老人生活质量下降、增加心身疾病（如心脑血管病）的患病风险与死亡风险等。

患有这类疾病的老人的就医原因通常不是抑郁症状，而是躯体不适与认知功能损害，因此，在专科（心理科、精神科）门诊及综合医院门诊就诊者十分常见。

停下来想一想 ⟹ 根据上面的案例，如果你是养老机构的护理员，你该如何与李先生沟通？在小组中分享。

动动手查一查 ⟹ 老年抑郁症的高危人群有哪些？其临床表现与诊断要点是什么？查找出来，在小组中分享。

【案例说明】

为更好地理解老年抑郁症病人的特征，我们来看看下面发生在老年抑郁症老人与其家属之间的一段对话：

孙女：“奶奶，我想送一只兔子给您养，和当年您送我的一模一样，好不好？”

奶奶：“不好。”

孙女：“算您帮我养它行不行？您也很喜欢兔子的。”

奶奶：“不行，没有精力照顾。”

孙女：“我刚学会一套太极拳，很简单的，我教您打好不好？”

奶奶：“不好，站不稳。”

孙女：“太极拳不需要站稳的，而且可以让您的身体更好。”

奶奶：“我身体够好的啦！不打。”

孙女：“奶奶，我不想您每天都这样，我们来找点别的事做，好不好？”

奶奶……

孙女：“您不想让自己每天的状态有所改变吗？”

奶奶：“想。”

孙女：“奶奶，我知道您每天很难受，您也想改变，那么，就应该找些您喜欢做的事来做，再说，也许有些事做您的状态就会好起来呢？这样吧，把您最拿手的“番茄炒鸡蛋”教给我，好吗？”

奶奶……

孙女：“您想改变对不对？”

奶奶：“对。”

孙女：“您每天都过得很不开心，对不对？”

奶奶：“对。”

孙女：“那我们就更应该找点事情来做，好不好？”

奶奶：“你别说了，没有用！我不想做，做不动。我知道自己现在这样不对，但是我就是不想动，也不想做。我现在什么都不想了，就希望哪天你爷爷能带我走就好了。别再每天这么折磨我！我也知道，你们都是为我好，但我就是做不了，我的思想控制不了我的身体。我就是不想出门见人，每天看见你们出门我都好羡慕，但我就是不愿意出门。”

孙女：“奶奶，您也知道的，我们都是爱您的！我和您一起来面对好不好？您不能每天都是这样的，难道您准备以后每天都要这么过吗？”

奶奶靠墙低着头，转身回房间了。

从该案例可以看出：发作期的老人情绪十分低落，存有强烈的自卑感与负罪感，甚至生无可恋或想以死解脱；但要提醒的是，间歇期的老人基本正常。

因此，对老年抑郁症病人，必须给予更多的陪伴与照顾、鼓励与赞扬，尽可能减少老人的孤独感，以及与社会的隔绝感，增强老人的自我价值观念。在发作期，要应用同理心，给予他们多一些体谅与理解，多一些陪伴与帮助，与老人共渡难关，更重要的是要防止老人发生意外（如自杀等）；在间歇期，陪伴与鼓励老人多参加一些集体活动，可以提供一些简单、易完成、老人感兴趣的活动鼓励老人参与，也可以带老人参加一些团体活动，逐渐培养老人的兴趣，使老人能积极主动地参加并从中获得成功体验与满足感。同时，对老人的进步与取得的成绩（哪怕是一点点）要及时给予赞扬与肯定，使其获得自信与自尊。此外，由于这类老人对陌生环境适应度差，要尽可能避免搬迁或减少搬迁次数。

除此之外，下面的一些建议与要点有助于与老年抑郁症病人的沟通。

● 当个好的陪伴者与倾听者。患病的老人本来就存在情绪低落、思维迟缓及言语活动减少等情况，如果这时你还在旁边喋喋不休地劝说或提出建议（如上面的案例对话），会让老人感觉烦躁，加重其负罪感，更不愿与你沟通。这时，你只需静静地陪伴在老人的身边，可以采取一定的肢体动作（如轻抚老人的手），让老人感到自己是被接受的，是有安全感的。在此基础上，要帮助老人解决生活中的基本问题（如吃饭等）；当然，在帮助过程中也可不时提出一些话题，以诱导老人讲话。当老人与你讲话时要耐心倾听，不要表现出不认可或不耐烦，或者催促老人，适当时可以鼓励和诱导老人说出心里的感受。

● 给予足够的耐心与细心。老人情况的改善不是一朝一夕的事情，只有当老人慢慢获得存在感与价值感后，问题才可能逐渐解决。因此，要有足够的耐心，不要祈求尽快解决存在的问题，而应该让老人明白你愿意陪伴他（或她）、听他诉说；同时，必须有足够的细心，细心观察老人的情绪变化，特别要注意凌晨时分（这个时段是抑郁症老人情绪最低落的时间，也是自杀发生率最高的时段），要给予特别细心的陪伴与看护。

● 善于鼓励并给予希望。当老人有交流的念头时，要认真地倾听。同时，可以见缝插针地表达我们真诚的想法，给予老人以希望。尝试这样说："爷爷，现在您不是一个人，还有我呢！""您可能不相信，我一直相信您会好起来的。""我可能不能完全理解您的感受，但我非常担心您，想帮您。"对有轻生念头的老人可以尝试说："您对我来说非常重要，没有您，我可能就没工作了。" "您是我的老师，我想一直跟您学习下去，成为您这样的××方面的人。"

● 抓住间歇期，全面出击。当老人处于间歇期时，在把握好分寸与时机的前提下，可以尝试进行这样的沟通："最近我一直很在意您的感受，告诉我好吗？""最近，我注意到您和以前不同了，能告诉我您怎么了？""看到您最近精神状况不太好，我们去检查一下，可以吗？"同时，如上所说，积极陪伴与鼓励老人参加一些简单、易完成、感兴趣的活动，鼓励老人培养更多兴趣，给予老人更多的赞扬与肯定，使其恢复自信与自尊。

● 用更好的表达方式。我们来体验一下下面一些表达方式的不同之处。

"别人比您还惨！"

⟹ "听到您不小心跌倒了我很难过，有什么我能帮您的吗？"

"明天就会好了。"

⟹ "不着急，一步步来，我会陪在您身边。"

"生活就是这么不公平！"

⟹ "我很难过这事儿发生在您身上，没关系，我们一起面对它，好吗？。"

"您必须去面对它。"

⟹ "别担心，还有我呢。"

"生活还是要继续的。"

⟹ “您以往的生活那么精彩，我会陪您继续前行。”

“您搞得我心情也不好了！”

⟹ “真不愿看到您这样失落，我很想为您做点什么。”

“您到底在抑郁什么？”

⟹ “对不起！我没意识到您那么难受，让我在这里陪您吧。”

“别老在那怨天尤人了。”

⟹ “我看得出您也不愿意，这让我很难过，我能为您做些什么吗？”

“生活中每个人都在应对各种问题，为什么您就不行？”

⟹ “最近您看上去遇上困难了，我来陪您一起解决，好吗？”

“您很坚强，您会没事的。”

⟹ “我相信您，我知道您会挺过去的。”

其实，上面箭头前面的话都是苍白无力的或不适宜对老人讲的。如这样的话还包括：“都是您自己想出来的毛病！”“许多人都是这样过来的。”“看问题往好的一面看，好不好？”“您的生活那么好，为什么会想到死？”“我对您爱莫能助了。”“您现在过得不好吗？”等。尝试用箭头后面的话来表达，会让老人接纳你并有利于老人的康复。

知识链接

躁动行为的沟通技巧

在生活中，有部分老人会出现躁动行为，从而造成照顾者的困扰。有学者提出下列沟通技巧，可以协助照顾者解决此问题（Miller，2008；van Herk，et al，2007）。

1. 老人站立时，尽可能站在他的斜对面或身旁，以预防他直接的攻击；有时候面对面的姿势会使人感到备受威胁。

2. 询问老人感到压力的原因时，若他未能主动说出，则要避免一再追问，以防老人的焦虑程度上升。

3. 协助老人回想并整理出有何种方法可促使其情绪恢复平静，并鼓励他那样做。

4. 事后和老人讨论并描述你实际所见的躁动行为；避免责骂、惩罚、威胁而造成老人受窘，甚至再度发生躁动行为。

5. 协助老人处理问题，老人可能从未真正学习如何有效地应对，这或许是造成他攻击他人或躁动的原因。因此，协助确认存在问题，列出优先处理顺序，常可有效解决问题。

6. 适时同意老人合理的要求，如此可增加老人的信任感，且合作意愿会增加。

7. 针对事实做简单有效的处理，尽量避免引发老人敌意或攻击行为的争执或讨论。

8. 允许老人有足够的个人空间（通常要求大于一般人的空间范围），以减轻其压迫感。

与阿尔茨海默病老人沟通的技能要点

【案例说明】　　某养老院的一个场景

王护理员：“吴奶奶，您明天早上要抽血化验，记得不要吃早餐哦！”吴奶奶回答说：“好的，晓得了，你放心吧！”王护理员放心地离开了。第二天一早，王护理员一推开吴奶奶的门，就看见吴奶奶的桌上放着一个餐盒，忙问吴奶奶：“吴奶奶，您吃过早餐了？”吴奶奶微笑着说：“我刚吃完一碗肉丝面，味道不错。”王护理员一脸愕然：“呀！昨天我不是告诉您今天早上不要吃早饭的吗？您怎么给忘了？”吴奶奶茫然地看着她：“什么？你跟我说过？我怎么不记得了……你什么时候跟我说的？”王护理员望着吴奶奶，摇摇头，一脸苦笑。

这是一个在日常生活中常见的老人记忆力下降的例子。

对于这样的现象，有人认为：人老了记忆力就会下降，糊涂是正常现象，不是疾病，不用理睬它；也有人认为：老人出现记忆力不好是阿尔茨海默病的先兆，或者说就会发展为阿尔茨海默病。

其实，随着年龄的增大，人的机体功能也会逐步衰退，记忆力自然会出现下降。有资料显示：人出生时大约有一亿个神经细胞，步入老年后，即使是头脑健全的老人，其神经细胞也只能剩下35%～55%，而且还会随着年龄的增加而慢慢下降，这种属于正常生理现象的记忆力下降称为“与年龄相关的记忆力下降”。但如果老人的记忆力下降超出了与其年龄相对应的范围，就称为“记忆障碍”。如果只有记忆障碍，或是伴有的其他认知功能下降程度尚未达到痴呆的标准时，称为“轻度认知功能障碍”；这个阶段可以通过及时的干预与治疗来延缓痴呆的发生。如忽略了治疗，则会导致记忆力继续下降，并出现其他认知功能减退，而进入早期痴呆，即阿尔茨海默病。

那么，怎样的记忆力下降才算异常呢？一般情况下，正常老人的记忆力下降不会影响以下两方面。

一是不会影响正常社会活动与生活。如，一个老人可能有时会出现丢三落四的情况，如忘记在烧开水，或记不住东西放在哪了；但对重要的事情（如接送孙子）却没有忘。反之，如果一个承担着接送孙子上幼儿园任务的老人，经常忘记了，就不正常了。

二是会学习一些新的知识与技能。正常老人对新事物是有兴趣的，能自觉学习与应用，如喜欢跳舞的老人仍会主动学习并学会新动作等。而如果老人表现出既不感兴趣又学不会就不正常了。

当然，由于个体差异的问题，在评估记忆力下降程度时，既要做个体纵向比较，即老人自己跟自己比，自己的现状与过去比；又要参考同年龄段、同文化背景的老年人群的认知功能水平。

同时，还有一点是最重要的，正常的老人，就算不经意地出现丢三落四的情况，但事情发生后或经人提醒一般能够回忆起来；而痴呆老人常常不能回忆，即使提醒也不能回忆，甚至不承认自己记忆力下降。

事实上，正常老人记忆力下降与痴呆早期的记忆力下降的确较难鉴别，建议一旦发现老人出现明显的记忆力下降应及早就医，通过临床上的记忆检测手段来帮助鉴别。

可以用附录 5 提供的简短智能评量表（MMSE），来判断老人是否有患上阿尔茨海默病的倾向。

● 阿尔茨海默病

阿尔茨海默病又称老年性痴呆（AD），是一种起病隐匿的进行性发展的神经系统退行性疾病。临床上表现为认知与记忆功能不断恶化，日常生活能力进行性减退，并有各种神经精神症状与行为障碍。病因迄今未明。65 岁以前发病者，称早老性痴呆；65 岁以后发病者称老年性痴呆，即阿尔茨海默病。

停下来想一想 ⟹ 你遇到过记忆力下降的老人吗？他们的具体表现是怎样的？有哪些特征？在小组中分享。

动动手查一查 ⟹ 将阿尔茨海默病的病因及临床表现查找出来，在小组中分享后汇总，选派人员在班里讲述。

● 阿尔茨海默病对沟通的影响

阿尔茨海默病是大脑的退行性变造成的，而且这种退变是一种渐进性、不可逆转且无法预测的过程。大脑的退化使老人大脑控制语言的功能受到破坏，造成记忆力丧失并降低了大脑处理外界传入资料的能力；且发声器官也受到影响，使老人逐渐丧失和他人沟通的能力。由于阿尔茨海默病造成的潜在影响，可能导致资讯不清晰、感官接受障碍、过滤因子和调节因子及中枢操作过程受损、输出途径受阻或损伤等导致沟通双方相互不明白对方发出的信息（图 7-1）。因此，阿尔茨海默病老人常有沟通上的障碍。这种障碍不单会使老人有很大的挫折感，甚至导致老人自尊心受挫，失去与他人互动的兴趣，逐渐出现自我退缩与社会隔离等问题；而且还会使老人的照顾者承受同样的沟通上的压力。

阿尔茨海默病对大脑皮层的影响是广泛而复杂的，每一位老人呈现的症状或缺陷会因疾病对损坏的大脑皮层区不同而有所不同。阿尔茨海默病在疾病初期可能表现正常，之后，每一位老人所呈现的沟通问题会有所不同；事实上，随着疾病的进展，同一时期的阿尔茨海默病老人的沟通能力也会不同。许多沟通障碍与记忆缺损有关，记忆则与认知能力有高度相关性。

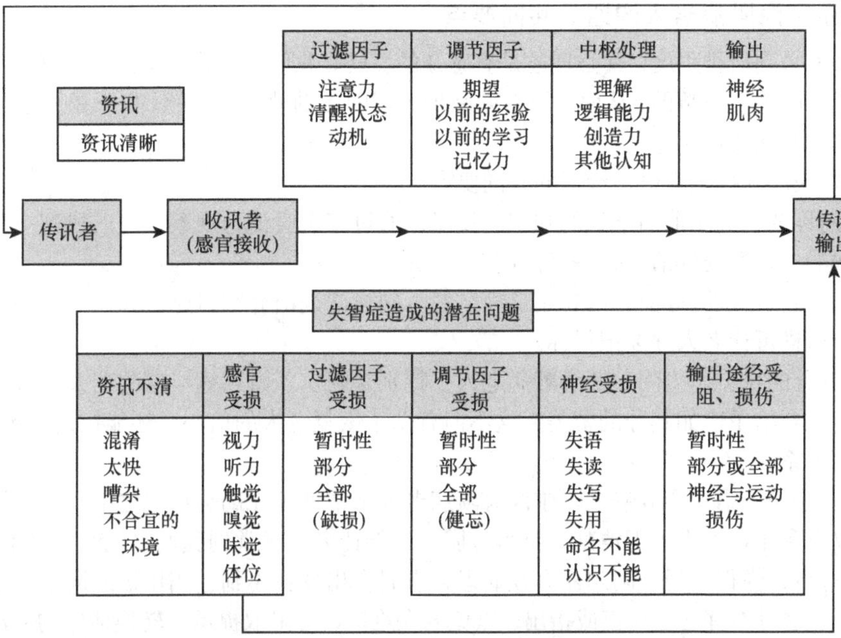

图 7-1　阿尔茨海默病对沟通的影响

● 阿尔茨海默病病人沟通障碍的类型

阿尔茨海默病老人所呈现的沟通障碍，由最初的用字困难开始，如常以非特定的名词替代，选择模糊、空洞的句子，重复使用相同的词语、单字，用字遣词及阅读能力出现减退；重者喃喃自语、擅自改变常用的语言表达形式；晚期表现为沉默、回音症，甚至奇怪的说话内容或方式。这些逐渐加重的症状给老人的生活带来极大的困扰而出现情绪变化。这些情绪变化则由早期的困窘、无法合适地表达自我，发展到产生人格上的改变，出现恐惧、愤怒及退缩的表现。根据疾病的进展，阿尔茨海默病老人会呈现下列沟通障碍症状（表 7-1）。

表 7-1　阿尔茨海默病老人常见的沟通障碍症状

症状	
失写症	由于大脑中枢病灶或肌肉控制失调而无法用书写表达
失读症	大脑中枢损害而丧失阅读能力，不能读字
迂回症	以迂回或间接方式说话：使用过多的字来表达意见
虚谈症	借由编撰虚谈的表达方式，来取代记忆上的缺损，并深信编撰虚谈的内容是正确的

续表

症状	
语无伦次（胡言乱语）	说话时使用太多不常用或不熟悉的字眼和意义模糊的字句
简语症	说话时仅使用极少的字句
用字混乱	使用的文字或字句发生混乱、混淆
不语症、沉默	有意识或无意识地拒绝说话及回答问题
新语症	自创新的文字或对现有文字赋予新意
乱语症	说话时用字错误或发生文字拼凑现象

动动手查一查 ⟹ 阿尔茨海默病老人的危险信号有哪些？诊断阿尔茨海默病有哪些检查手段？查找出来，在小组中分享后汇总，选派人员在班里讲述。

● 与阿尔茨海默病老人沟通的共同要点

无论老人痴呆到何种程度，其心理还是有感知的。只要我们所采取的沟通方法适当，是可以让老人感知到我们的关心与帮助，从而可以有效减少他们的无助感与孤独感。以下是一些与阿尔茨海默病老人沟通的共同要点。

○ 与阿尔茨海默病老人语言沟通的共同要点

□ 亲切的称谓。应用前面学到的知识与技能，通过多次尝试与观察，可以找到一个阿尔茨海默病老人喜欢的、合适的称谓，并一直使用。

□ 自我介绍。每次服务前，都要用最简洁的、同样的词语介绍自己。如，“您好！刘爷爷，我是小丽。”这样可让老人逐渐记得你。

□ 恰如其分的赞美。当阿尔茨海默病老人，特别是阿尔茨海默病早期的老人，有少许进步或较好的表现时，要给予恰如其分的赞美，这不但有助于恢复老人的信心，还能拉近与老人的距离，建立起良好的关系。

□ 语气要亲切，语速要放慢。阿尔茨海默病老人常常处于无助与焦虑之中，亲切的语气、缓慢的语速不仅有利于让老人听得清楚、听得舒服，还能让老人感觉到我们对他们的尊重与关心。

□ 给予尊重，懂得变通。阿尔茨海默病老人有时会出现找不到适当用语或词不达意，以及胡乱错误的情况，这时不宜马上纠正或指出，以免老人难堪，可采取提示或转换话题的方法，让老人自己填补未完成的句子或纠错。如，“您刚刚提及曾经去过……”，“您是说……，对吗？”

○ 与阿尔茨海默病老人非语言沟通的共同要点

当阿尔茨海默病老人语言交流能力逐渐下降时，非语言沟通的作用与重要性就凸显出来了。适当的手势、鼓励的眼神、温柔的触摸与微笑等，都有助于传递我们要表达的信息与情感。同样，密切观察阿尔茨海默病老人的肢体语言，也会帮助我们了解他们想表述的意思与要求。

□ 温暖的拥抱与抚摸。在阿尔茨海默病老人与我们比较熟悉、知道我们存在的前提下，我们在服务中可以适时给予老人拥抱与抚摸来表达我们的爱与关怀。

□ 手势与表情。首先要注意观察阿尔茨海默病老人的身体语言，特别是面对已丧失或大部分丧失语言沟通能力的老人时，他们通常会通过手势、表情等方式来表达想法，如不停地搓手、哭泣、无助地看着你等。透过老人的这些肢体语言，揣测老人试图表述的意图或感受，尝试用自己的肢体语言反馈给老人，直到明白老人的真实意图并给予解决。

□ 眼神的接触。阿尔茨海默病老人的注意力比较容易分散。因此，在沟通时，要求我们与老人保持亲切的眼神接触，这样才可以将老人的注意力吸引到自己身上，才能进行一定的有效沟通。

【案例说明】

这是儿子和患有阿尔茨海默病父亲的对话。提醒我们在与阿尔茨海默病老人交流时要注意文化差异问题，并尽可能用老人熟悉的语言。

父亲：“我害怕！”

儿子（看着父亲）：“我也怕，怕得腿都直打哆嗦。”（这句话是父亲平常最常说的，儿子在用父亲的语言与他交流。）

父亲对他说的话表示感兴趣：“你也害怕？”

儿子：“害怕呀，怕得不得了，不过有你在，我就不怕了。”（儿子一边拉着父亲的手，一边回答。给予父亲一定的满足感。）

父亲：“那你帮助我，我帮助你，咱俩互相帮助。”

儿子：“太好了，咱们是一家人，不说两家话。”

……

说完这番话，父亲显得很开心。这样的对话让父亲得到了片刻的欢愉。

下面我们来学习与不同时期阿尔茨海默病老人沟通的技能要点。

● 与阿尔茨海默病早期老人沟通的技能要点

○ 阿尔茨海默病早期沟通障碍的特征

阿尔茨海默病早期的老人以短期记忆障碍（如出现对近期计划、事件、约会、吃药或要记起某人存在困难）为特征，其社交能力仍保留较好，对存在问题有自知之明。可能出现的问题包括：

☐ 对新知识、新技能的学习和掌握能力下降。

☐ 不停更换谈论话题。

☐ 开始对人名、地点、事件的回溯记忆发生困难。

☐ 出现情绪不稳定等。

如，认得人却无法说出对方的名字；混淆使用同种类的名词，如把“儿子”叫成“女儿”；命名困难，想要讲“钥匙”却只能说出“那个锁门的……”，来表达想要指认的物品。

这个时期的老人通常会运用以下手段来掩饰自身存在的问题。

——采取发病前辅助记忆的惯用方法。如，用记事本记录，用会发出声音的手表或闹钟等提醒自己。

——采取制式化的应对反应。如，在一些社交场合中常用“真有意思”、“我真高兴听到这个消息”、“真的吗？没有人告诉过我”等缺乏主要内容或特定对象的习惯性话语来应对当时的情境，以掩饰自己的困窘。

——岔开话题，是指老人为降低自己的不安并企图不被他人察觉，对已发生的事情做出许多合理化、甚至是虚构的解释。如，自己不慎跌倒而受伤的老太太，在陈述其受伤理由时可以有十种以上与自己无关的说法，但最后经确认是老人本身的疏忽所致。

——奉承与恭维，是指老人为了掩盖存在的一些问题，而借用取悦或赞美对方来转移对方的注意力。如，某入住养老院的阿尔茨海默病早期老人，当工作人员询问其个人基本资料时，老人为掩盖其记不起信息的事实而采取一味地微笑或说些无关紧要的话，如 “你态度真好！”、“能被你照顾真好”等。

——幽默：这时的“幽默”同样是老人为了掩盖自身在抽象思维上的障碍所采取的手段。如，采用同音异义字取代忘记的字句，或重复使用所记得的几个关键字等。

○ 与阿尔茨海默病早期老人沟通的技能要点

这个时期的老人具有强烈的自知之明，处于极力掩饰与弥补，不安与焦虑中。因此，在及时安排老人就医的同时，要给予更多的耐心、尊重与接纳，尽可能协助或帮助老人完成他们的做（说）法与行为，以减少他们的焦虑与沮丧心理。

□ 保持同理心。应用同理心感受阿尔茨海默病早期老人的困境与痛苦，尝试用他们的眼睛与心态看世界，理解他们有时候表现出来的奇怪言语与行为的含义。

□ 给予表达的机会。阿尔茨海默病早期老人具有强烈的表达欲望，渴望得到他人的关注与理解。因此，尽管他们可能已经不能准确地表达自己的感觉与需要，但当他们希望表达时，我们要认真地耐心倾听，最大限度地维持他们的自尊。

□ 尊重老人的感受。对这类老人，我们关注的应该是老人自身的感受，而不是具体事件本身。因此，不管老人描述或认定的事情是否真实或存在，我们唯有设法去体会老人想表达的感受，并对这种感受表示出理解、体谅与尊重，而不要去追究、纠正或指责老人所表述的内容；更不能在外人面前指责老人。

□ 接受而不是改变。对阿尔茨海默病老人，我们唯一能做的是希望通过医学来延缓老人疾病的进程。有这么一句话："在痴呆老人的世界里，已经没有对与错。"因此，我们在服务中只能完全接受老人现在的样子，而不要尝试去改变它。要对老人持开放、接纳的态度，这样才能减少工作中的摩擦。

□ 不要任意哄骗老人。阿尔茨海默病早期老人可以活在多个直觉层面上，而且经常并存，他们时而清醒，时而糊涂。因此，切不可轻易对他们说谎或哄骗，不然会极大地伤害老人。

● 与阿尔茨海默病中晚期老人沟通的技能要点

○ 阿尔茨海默病中期老人沟通障碍的特征

阿尔茨海默病中期的老人，其记忆力、理解力和定向力等智能的各个方面均呈现进行性下降。可能出现的问题包括：

□ 用字的能力与频率下降。对平日不常使用的字句更容易忘记，常以代名词或一般的字句来替代名词。如，将所有的红色系列物品都归为红色，而无法使用桃红色等不常用的字句；无法说出实物的名称，而用"它"或"这个东西"、"那个物品"来替代。

□ 要求旁人重述问题或提示的频率增高，如常说："你刚才说什么？"

□ 对遵从口头指令有很大的困难，如"奶奶，请把手举高一点。"老人很茫然，你必须通过举高自己的手做示范，或直接协助老人做动作。

□ 言语表达中，仅会用不能表达内容的单字或简单的句子结构呈现。

□ 无法理解他人的说话内容；无法集中注意力。

□ 阅读能力、认知能力与主导谈话能力出现困难。

□ 遗忘社交中应该遵循的一些基本礼节。如，要保持一定的身体距离等。

○ 阿尔茨海默病晚期老人沟通障碍的特征

阿尔茨海默病晚期的老人，其日常生活大多已不能自理，饮食起居需人照顾，基本丧失语言应对能力，交谈困难；有的甚至出现大小便失禁，对家人几乎不认识，对时间、地点的定向力，以及温饱感觉几乎完全丧失。除此之外，也会有人格改变，如混乱、焦虑、自我警觉、忧愁、生气或害怕等表现。

○ 与阿尔茨海默病中晚期老人沟通的技能要点

□ 正视现实问题。要清醒地认识到，阿尔茨海默病晚期老人的症状不可避免地会随着时间而逐渐加重与恶化，这是不可改变的事实。但我们又必须接纳它。

□ 多陪伴与照顾。这个时期的老人最需要的是陪伴与照顾。希望通过陪伴与照顾，让他们保持一定的生活自理能力并延缓痴呆的进程。

□ 合适的环境。交谈时应避免受到噪声（如收音机与电视机）的滋扰，有需要时，替老人配备合适的眼镜、助听器等辅助工具；沟通时要跟平常一样保持自然，无须刻意改变，但要尽可能靠近老人身旁，保持眼神接触；同时，为保持老人的情绪稳定及获得老人的信任，最好不要经常转换环境。

□ 用温暖平和的语调、短而精简的句子，以及老人熟悉的内容与之交谈，并积极倾听。用对待长辈的方式与其交谈，交谈时着重感情的流露而不执着讲话的具体内容；切不可将老人当作小孩来看待，如使用叠字“喝水水”、“吃饭饭”等；更不可以居高临下的态度对待老人；当你听不清楚或不能理解老人的话语时，可以有礼貌地直接告知，让老人知道你没有嫌弃他，而是在乎他。

□ 简化复杂的口头指令，并多用老人熟知的词语与名字。阿尔茨海默病中晚期的老人无法应付多个指令，对“他”、“她”和“他们”这样的代词模糊不清。因此，要将指令简单化，并将指令细分为多个指令或步骤，如要老人穿衣服时，不要用“穿上裤子和外套。”而是细分为“穿上裤子”、“穿上外套”两个指令；若老人仍未能完成这个指示时，可分解为“抬起您的左脚，穿上左脚；抬起您的右脚，穿上右脚……”这样可以让老人专注于每一个步骤，当然，我们亦可为其做示范进行引导。同时，在未完成一个动作前，不要给老人新的指示。见面打招呼时，直接用“爷爷，我是小丽。”而不是“爷爷，是我呀！”。

□ 协助找寻适合的字句。当老人找不到适当的字句来表达时，不要急着为老人提供答案，相反可以提示、引导老人；如 “您要的是用来买东西的……”；也可以尝试推测他们的意思，提供一至两个字句给老人选择或协助他们用其他字词去表达，如 “好吃的”、“很甜的”；或利用实物展示，让老人更易明白，以促进彼此的交流。

□ 注意提问与应答的技巧。不宜提出有太多选择答案的问题，最好采用答案明确的“是非题”（即闭合性提问），让老人可以参与对话，如问：“今年好像特别热？”、“今晚就吃面条，好吗？” 有时老人会重复地问同一个问题，应耐心地重复回答，千万不要表现出不耐烦，如说“你已问了很多次了！”在这种情况下，可以采取靠近老人身旁、与老人保持眼神的接触后认真地做一次回答；也可以用其他提示，如将答案写在纸上给老人看，以此来中止老人重复问一个问题的行为。

□ 更多地使用非语言沟通技能。可以采取身体接触（如轻抚与握住老人的手，使他们保持专注及感觉到被关怀）、注重讲话语气及身体语言（如边说边模仿一些动作）等非语言沟通技能来辅助老人表达或理解；也可以利用实物及图像（如照片、视频等）来帮助老人记忆或进行对话。特别是，当阿尔茨海默病发展到一定严重程度时，非语言沟通就成为彼此沟通的唯一可行的选择。

□ 有足够的耐心，避免吹毛求疵。与老人沟通时，必须保持足够的耐心，让老人慢慢体会你所表达的意思，以及选择适合的字句来应答；要理解老人出现的词不达意或对一些问题的误解，甚至是执着的异常行为，千万不要与老人发生冲突。对不愉快或有冲突的话题，最好采取转移话题的方法，来避免发生不必要的纠缠。

有部分阿尔茨海默病老人，在早期，也会出现抑郁症状，颇像老年抑郁症，要注意加以鉴别（表 7-2）。直到病程发展到中、晚期时，才会出现阿尔茨海默病的临床表现。

表 7-2 早期阿尔茨海默病与老年抑郁症的比较

	早期阿尔茨海默病	老年抑郁症
病情变化	起病缓慢，发展缓慢	起病缓慢，发展迅速
情绪变化	情绪变化多，不稳定，犹如幼童	抑郁情绪持续较久
智能变化	智能损害是全面性的，呈进行性恶化	智能障碍是暂时的，部分的，每次检查结果均不相同
临床表现	可有中枢神经系统的症状、体征，如高血压、动脉硬化或“小中风”病史，脑 CT 检查可发现有不同程度的脑萎缩和（或）脑梗死的表现	无中枢神经系统的症状，脑 CT 检查无阳性发现
用药效果	服用抗抑郁药物无任何效果	效果好，能恢复如期

知识链接

衰老的发生

人到了一定年龄，就会发现自己体力大不如前，头脑的思维活动也不如以前敏捷，开始出现脑衰老现象。衰老到底是怎么发生的呢？脑内任何血管发生硬化都会导致衰老。这是因为，血管是运送葡萄糖和氧等营养物质到大脑的通道，一旦流通不畅或受阻，就会影响营养物质的输送，就会发生如阿尔茨海默病等疾病。为了防止这些疾病的发生，人们从中年开始，就要保证大脑的营养充足与均衡。

停下来想一想 ⟹ 在你的生活中，你遇（听）到过阿尔茨海默病的老人吗？他们的具体情况是怎样的？有何感受？在小组中分享。

与失能老人沟通的技能要点

失能是指由于意外伤害或疾病导致身体或精神上的损伤，出现生活或社交能力的丧失。生活或社交能力完全丧失者，称为全失能；如果部分丧失，称为半失能。国际上通用日常生活活动能力量表来评价，包括“吃饭、穿衣、上下床、上厕所、室内走动和洗澡”6 项指标，一到两项“做不了”的，定义为“轻度失能”，三到四项“做不了”的定义为“中度失能”，五到六项“做不了”的定义为“重度失能”。

知识链接

根据全国老龄工作委员会办公室发布的 2015 年“第四次中国城乡老年人生活状况调查”的统计结果，中国失能老人约为 4036 万人，占老年人口的 18.3%。同时，据预测，随着中国社会人口老龄化的进程，中国失能老年人将持续增长，到 2020 年增加到 4200 万，2030 年增加到 6168 万，2050 年增加到 9750 万。

停下来想一想 ⟹ 你一定见过或经历过由于某种原因躺在床上，不能下床活动（如疾病、手术等，特别是某个地方的骨折或手术后），只能接受人家提供生活照料的情况，当时有怎样的感觉？在小组中分享。

动动手查一查 ⟹ 有哪些疾病可以导致老人失能或半失能？这类老人在心理上有哪些明显变化？查找出来，在小组中分享。

对任何人来说，突然间丧失或部分丧失生活或社交的能力，无疑是灾难的降临，会出现一种成为社会负担、没有价值的感觉，从而产生许多负面情绪，引发心理、精神上的改变。特别是辛苦一辈子、准备安享晚年的老人。

● 失能老人的心理特征

○ 失落感强烈，自尊心很强。失落感是一种由多种消极情绪组成的情绪体验。疾病本身的打击，以及生活能力突然被强行剥夺，会给每个人带来强烈的失落感，更何况是老人。同时，业已形成的长辈威严及自我意识，又让老人保持很强的自尊心，他们迫切希望能得到以往他人所给予的尊敬与恭维；年轻时身体越强壮，才能与成就越突出、职务与名望越高的老人自尊心越强，其失落感越重。一旦他们的自尊心得到满足，就会表现出愉快与高兴；但一旦受人冷落，则会表现出不耐烦、易激怒，常常会因一点小事而大发脾气或暗自伤心。

○ 自卑与无价值感。失能老人大多患有老年性疾病，对自己的病情估计多较悲观，心理压力很大，突出表现为老朽感与无价值感。对所患疾病也往往表现出信心不足，自卑自怜，有的甚至以迷信的态度面对疾病，拒绝治疗。

○ 敏感与多疑。多见于文化层次较高的失能老人。他们表现出敏感多疑，常将一些无关紧要的病情做恶性的联想，甚至怀疑、猜测工作人员与亲人对自己隐瞒病情，从而导致精神恍惚、身体疲惫，甚至做出过激行为。

○ 孤独与寂寞。孤独是一种封闭心理的反映，是感到自身与外界隔绝或受到外界排斥所产生出来的孤伶苦闷的情感。寂寞是指无法与人沟通或无法通过沟通来获得满足，是一种百无聊赖的无奈，一种无法自处的恐惧，一种可怜的焦灼状态。失能老人整天躺卧在床上，其孤独与寂寞是可想而知的；如果亲属、子女不常来探望，更会让老人产生被抛弃感；因此，入住养老机构的失能老人相比于同类型老人更易感到孤独与寂寞。

○ 固执与刻板。失能一段时间后的老人，其性情一般会变得比较怪癖、固执，常常以自我为中心，生活方式较为刻板，适应能力会越来越差。往往要求他人必须按照自己的做法与要求做事，稍不如愿，就会大发脾气或抗拒接受。

当然，失能老人还存在不同程度的无助感（对存在的问题无能为力的心理状态与行为）、焦虑感（对身体的康复与未来的焦虑）、抑郁感、恐惧感和绝望感等。

● 与失能老人沟通的技能要点

在学习具体内容之前，我们有必要复习第二章提到的与老人沟通的一些技能要点，如同理而非同情、询问而非命令、帮助而非包办、咨询而非猜测等，这些技能要点更加适用于失能老人。同时，失能老人的沟通要点与老年抑郁症老人的沟通要点也有很多类同之处，如当个好的陪伴者与倾听者、给予足够的耐心与细心、善于鼓励并给予希望等。这里要提醒的是，绝大多数的失能老人仅仅是生活或社交能力的丧失，他们的精神、思维及洞察力都是正常的。从根本上来说，他们的求生与康复的欲望是很强烈的。

因此，除上面学过的沟通要点外，这里针对性地介绍一些其他的技能要点。

○ 做好老人日常护理，逐步恢复老人的自尊。让失能老人保持原有的卫生与形象是逐渐消除老人自卑、保持自尊的最好途径。因此，要定时给老人洗澡、做好老人的口腔护理、整理好老人的床铺，以及及时更换老人的衣着等，让老人保持每天的光鲜与整洁。在这点上，需要我们的耐心劝说与细心护理，还要不失时机地夸奖老人（如夸奖老人精神头很足）；同时，要及时与老人就有关问题进行沟通（如用药与训练等问题），避免老人胡思乱想；更不能在老人背后指手画脚，以免引起老人的猜疑。

○ 做好康复工作，预防并发症的发生。无论是何种原因导致老人的失能，在一般情况下，通过有效的诊疗与护理，以及老人自身功能逐渐恢复后，其失能状态会有所改善。这一切离不开日常坚持不懈的心理诱导、按摩、针灸及功能训练等。因此，要鼓励与动员老人积极配合并进行严格的康复训练；同时，要将预防并发症发生作为工作的重中之重。如果老人再发生其他并发症，无疑是雪上加霜。其实，定时给老人洗澡、做好老人的口腔护理、整理好老人的床铺，以及及时更换衣着等也都是为了及时清除细菌与污垢，促进老人的身心健康。更重要的是，要及时帮助老人翻身与排痰，以避免压疮、肌肉萎缩及呼吸道感染等问题的发生。当然，让老人避免着凉，预防感冒等也是必须做好的工作。

○ 鼓励老人发挥能动性，做力所能及的事情。应用我们的沟通技能让老人发挥自身的能动性来完成力所能及的工作，既可以锻炼老人的身体功能，又可以让老人逐渐获得信心，看到康复的希望。这也是我们前面所讲的帮助而非包办。如，给老人翻身时，除了要应用我们习得的技能外，还要通过鼓励与提示，让老人配合我们一起来完成；又如，平时的一些简单的行为，如拿轻便细小的物品时，也要让老人主动参与与配合。要特别提醒的是，在整个过程中，要以安全为重，要循序渐进，并根据实际情况分好谁主谁辅，掌控有度；辅之以眼神的赞赏，语言的鼓励及诱导。切不可一做了事，甚至埋怨与指责。

○ 充实老人的生活，消除老人的孤独与寂寞感。为避免老人在空闲、独处时胡思乱想，要充分利用老人清醒与空闲的时间，多与他们讲讲话，聊聊天；也可以进行健康宣教，为他们讲授有关疾病的发生发展、诊疗与康复知识，增强他们战胜疾病的信心并有意识地参与到康复与防治当中；也可以用轮椅带他们外出晒晒太阳、看看风景或参加一些集体活动或看望其他老人等（这点很重要）。

停下来想一想 ⟹ 当你给老人翻身时，应该怎么做才能让失能老人配合你的动作，从而实现目标（包括顺利翻身、让老人动起来与恢复信心）？在小组中分享。

模拟情景练习 ⟹ 围绕给老人洗澡、做口腔护理、整理好床铺与更换衣着四个方面，以如何引导或说服老人配合你的工作为主题，分组、分角色扮演不同角色进行模拟练习。练习后，各自分享彼此的体会。

与临终老人沟通的技能要点

【案例说明】

李老伯，男，87 岁，北京人，无线电厂工人，爱好养鸟。肝癌晚期，在接受第五次治疗时出现严重的肝性脑病，尽管已抢救过来，暂无生命危险，但身体状况很差，医学预计其剩余生命时间为 30 天，随被送往临终关怀机构。

李老伯确诊为肝癌已经将近两年，其妻子去世已 10 年，一直单身。他有一个儿子，住在上海，两人关系密切，时常互发邮件或者通过微信视频通话。自李老伯的肝癌确诊以来，儿子经常从上海飞回北京看望他。

李老伯退休后经常去公园遛鸟，与养鸟同仁交流心得，和周围的人相处比较融洽。李老伯患病后一直接受治疗，闲暇时依然到附近公园散步或遛鸟。

李老伯知道自己患有肝癌，也知道时日无多，希望实现两个心愿：一是到上海看看孙子与儿子居住的地方，二是想他的爱鸟一直陪伴在他的身边直到自己老去，再送给他信得过的人。

2002 年，世界卫生组织（WHO）重新修订的临终关怀（hospice care）定义："临终关怀是一门临床学科，通过早期识别，积极评估，控制疼痛和治疗其他痛苦症状，包括躯体、社会心理和宗教的（心灵的）困扰，来预防和缓解身心痛苦，从而改善面临威胁生命疾病的患者和他们的亲人的生命质量。"

临终关怀就是让每一个生命晚期的人得到关爱与帮助，有尊严地活着；舒适、无痛苦、无遗憾、安详、有尊严地走完人生最后的旅程；并使其家属的身心健康得到保护与增强。它是一种专注于临终者在将要逝世前的几个星期甚至几个月（一般为六个月）的时间内，减轻其疾病的症状、延缓疾病发展的医疗护理。具体任务包括对症治疗、家庭护理、缓解症状、控制疼痛、减轻或消除临终者的心理负担与消极情绪。

在此过程中，因临终者不良身体与精神因素的存在，常表现出一些特殊的生理状态与心理要求，这对照顾者从语言到操作等方面都提出了特殊的要求。因此，除了必要的护理手段外，心理护理显得尤为重要。应用沟通技能，既能了解临终者的内心需求，又能帮助他们及其家属克服消极、不利的心理问题，顺利渡过危险心理期，这是心理护理的主要手段。因此，掌握并应用好沟通技能，在一定程度上成为临终者心理护理成败的关键。临终关怀对象涵盖整个人群，本章仅限老人。

● 临终关怀的主要内容

○ 以照料为中心。对临终老人而言，他们最需要的是身体舒适、控制疼痛、生活护理与心理支持。因此，目标应由治疗为主转为对症处理与身体、心理照料为主。

○ 维护临终老人的尊严。每个人的尊严不应因其生命活力降低而递减，每个人的权利也不可因身体衰竭而被剥夺。因此，时刻维护和支持临终老人的个人隐私与生活方式，并让他们共同参与医疗、护理、照料方案的制订，以及选择死亡方式等，既是法律的要求，也是尊重老人尊严的体现。

○ 提高临终老人生命质量。这是现代临终关怀服务的基本价值。就是说，生命的质量重于生命的数量。因此，在临终老人有限的临终阶段，要做到注重人胜于注重病，要关注他们的生活而不是死亡，尽力做好胜过做多，来全面提升他们的生命质量。

○ 共同接纳死亡。有生便有死，死亡和出生一样是客观世界的自然规律，是不可违背的。临终与死亡应视为人的生命中必不可少的阶段与必然结果。死赋予生以意义，死是一个人的最终决断。临终老人只是比我们早些面对死亡的人。所以，我们要更珍惜他们有限的生命与时间，与老人一起勇敢面对，并尽可能协助他们完成未了事，让他们放心地、有尊严地面对死亡。

知识链接

临终的五个阶段

伊丽莎白·库博伦·罗斯在《论死亡与临终》一书中提出临终的五个阶段。这五个阶段也可以指人们接受亲人离世事实后的心理过程。

一是否认期。当老人听到不幸的消息时，第一反应多半是“不，这不是真的！不会的。”总不承认自己死亡将至，认为是“误诊”或“不可能”，多表现出震惊、焦虑、心神不定、疑虑、失眠等。若不尽快稳定情绪，容易导致老人四处乱求医，而降低了生命质量。

二是愤怒期。否认期一般不会太久，一旦证实这一事实，老人新的反应是：“天啊，这是真的！真的是我。为什么是我？”取而代之的就是愤怒、狂躁、嫉妒等，并不同程度地向其家属或医护人员发泄，干扰诊疗与护理。这种心态的持续，必将导致病情极剧恶化，缩短其生存时间。

三是讨价还价。老人在真正接受事实之后，就会出现讨价还价的心理。其心理有如孩童一样，期盼自己的良好表现或完成某些承诺，能有机会获得命运的奖赏，来延缓末日的到来。这个时期的老人会表现出前所未有的“顺从”与热情，做出许多令人惊讶的事情。

四是抑郁期。长期反复的治疗，以及接下来必须面对的种种客观存在的问题（如家庭、事业等），会让老人产生浓浓的失落感与无价值感。表现为注意力不集中，不愿与人交流，郁郁寡欢，终日泪流满面。在某些感觉性症状（如疼痛、呼吸困难、心悸、眩晕等）促使下，极易产生自杀念头，如不及时加以诱导，其后果将极其悲惨。

知识链接

五是接受期。此期是指老人从心理上已基本接受临终事实，进入了对自己“命运”既不感到沮丧也不愤怒的阶段，这是一种内心异常空洞的阶段。老人会着手准备后事，情绪平和镇定。就如一名老人所形容的：“进入到生命尽头前最后的休息时刻。”这个阶段，相对于老人，家属反而需要给予更多的诱导、帮助、理解与支持。

停下来想一想 ⟹ 针对临终老人上述五个阶段中存在的心理问题，我们应该采取怎样的方式方法与之沟通？以缓解他们的心理问题。在小组中分享。

● 与临终老人沟通的技能要点

在学习沟通要点之前，我们必须牢记与临终老人沟通中最重要的原则：爱与陪伴。要求我们用我们的爱去接纳临终老人所有的情绪状态，对老人不分析、不评判、不下定义，坚定地用爱陪伴他们。

【案例说明】

下面是一段从事临终关怀服务的义工探访临终老人时的情景，以此来展开具体沟通技能的学习。

义工：“婆婆你好！我是×××的义工小刘，今天过来陪您。”

婆婆：“哦。”（简单地回应，并眨了眨一下眼睛。）

义工：“今天天气不错，您是想在楼上聊天还是到楼下花园去看看？”（蹲下来，微笑着，平和地注视着婆婆，试探性地问。）

婆婆：“花园。”

在征得护工同意后，义工把婆婆推到楼下。

婆婆只是静静地坐着，偶尔张望。

过了一会儿，义工又轻轻问：“婆婆，您想走一下还是想坐着？”

婆婆：“走。”

义工推着婆婆转了一圈，又往门口方向走，在面对马路的一个位置，婆婆似乎很满意地点了点头。

义工问：“婆婆，你是想在这，还是想到花园里面去？”

婆婆：“在这里吧。”

接下来，义工在老人身边蹲下来，轻轻地摸着老人的手，静静地陪着老人。整个陪伴过程，婆婆坐在轮椅上，对着车水马龙与人来人往，单手托腮，若有所思，却不说话。

终于，婆婆说想回去了。

义工：“好的。婆婆，我们回去吧！。今天时间也不早了，我也准备回去了，改天再来看您，好吗？”

婆婆没说话，低下了头，直到义工告辞准备离开时，婆婆突然握紧他的手，握了一会儿才放开，有些难舍的情绪。

这一路上默默地陪伴，婆婆能感受到我们的爱，其心底是温暖的，尽管她不愿说话。当然，如果婆婆愿意聊天时，我们要运用学到的沟通技能与她聊天，目的是让她开心放松。

停下来想一想 ⟹ 一起闭着眼睛，认真地想象一下，如果（是指如果）孤独地躺在床上、正在面临死亡的人是你，你最需要的是什么？最希望亲人或朋友给你做什么？在小组中分享。

○ 告知实情：在现实中，“我们是否应该如实告知临终老人他正在接近死亡？”这是一个如同第六章所讲的比较难以面对与处理的告知坏消息的问题。其实，大部分临终老人自己虽然已意识到时日不多，但仍然希望别人（医师或亲人）能确切地告知其实情；同时，为了实现临终关怀的目的，告知老人真相才是正确的做法。因此，我们要应用第六章学到的沟通技能，把握合适的时机告知老人实情，这样既可以使大家（包括老人、家属、我们等）坦诚相对，形成合力，做好下一步的工作；又能尊重老人的权利并听取老人的意愿，让老人能合理有序地安排好后事及完成未了事。当然，对于特别的个体（如仍不相信事实，或告知后极可能会发生危及生命的老人）要慎之又慎。

○ 爱与接纳：根据临终关怀的内涵与意义，对临终老人而言，他们最需要的应该是真正地被别人所接受、所爱。要做到这些，可以说既复杂又简单。复杂的是我们自己——需要我们对死亡有正确的认识与理解，要葆有悲天悯人的情怀与宽容的心，这就需要我们不断学习与提高。简单的是仅仅需要付出我们的爱与陪伴——临终关怀不需要我们拥有过人的知识与技能，以及做很多的事情（专业的事情有专业的医护人员来完成），只需要我们成为老人真正的朋友，保持好自然、平和的姿态，单纯而平等地陪伴着他们、接纳他们，为他们做力所能及的事情。就如上面的社工一样，我们只需静静地陪伴在他们身边，用接纳、怜爱的目光注视他们，适时给予抚摸或轻轻拥抱，就足以让老人体会到人间的温情。当然，最好能全力协助老人完成未了事，让老人更加舒心安心地离去。

○ 坦诚地正视恐惧与慌张：告知实情后，尽管大家都能理解并接受现实，但要真正的面对确实还有些困难，毕竟是一个鲜活生命要离我们而去。特别是疼痛或不适还一直在困扰着老人，有些未了事还在进行中等等，都会给大家带来一定的恐惧与慌张。这时，同样需要我们形成合力，一起去面对，一起进行讨论与调适，一起解决困扰的问题。只有这样，才能真正实现临终关怀的目的，让老人无痛苦、无遗憾、安详、有尊严地走完人生最后的旅程。

○ 协助完成心愿：要真正让临终老人无遗憾、安详、有尊严地离去，为老人解决未了事、未了情，满足老人的心愿十分重要。无论是怎样的人，过着怎样的人生，在即将离世时，总会有这样那样的感悟与感慨；总会想起一些人生的不足、遗憾与牵挂；总会对过去的一些事情不能释怀，总会想着去解释或补救。因此，我们要全力以赴地协助老人去完成，可以通过静静地听老人述说或忏悔；可以与专业人员一起商议方案，完成老人的未了事（如上面案例中李老伯的两个心愿，一是想要到上海看看孙子和儿子居住的地方，这不是不可以完成的，只要我们做好事前的准备工作是完全可以实现的；二是让他的爱鸟一直陪伴着他直到自己老去，这更容易做到，当然这要求我们的临终关怀场所要以居家的形式来布置）。也许你会想：“都什么时候了？还去追究过去的事情，是不是太晚了？人际间有那么多爱恨情仇，哪是能放得下的？”经历者告诉我们，绝不会太晚！即使经过巨大的痛苦与悲情，人们仍然可以发现彼此宽恕的方法；即使在生命的最末端，一生的错误还是可以挽回的，可以得到宽恕的。同时，要尽力协助老人完成心愿（如对帮助过老人的人表达感激，对被老人伤害过的人表示歉意以求得对方的宽恕等），让老人能放下一切，安详地离去。

知识链接

生命是一种成就，死亡是其中一部分。临终之人需要的是温柔、亲切的照顾，别无其他。

——德雷莎

【实操训练】

卫 生 宣 教

目标——

提升对老年病及老人生理心理特点的认识，提高针对老年病及生理心理特点进行卫生宣教的能力。

要求——

相对独立、安静的课室。

纸、笔、电脑、投影仪。

主题——

针对老年病（高血压、冠心病、糖尿病、老年性耳聋）的发病特征、临床表现与防治，结合老人的生理心理特点，对老人进行卫生宣教。

实训说明——

1. 时间安排（表 7-3）

表 7-3　时间安排

活动内容	预计时间
活动介绍	5 分钟
根据主题写出具体方案	2 天
小组展示并讨论	35 分钟

2. 实训规则

第一步：分四个小组分别选择以上四种老年病中的一种为主题，分工进行相关资料的查询、讨论与汇总，形成小组具体方案后，制成演示 PPt。

第二步：由小组的一名成员代表小组进行 PPt 演示，全班一起讨论，形成最后方案。

小组方案：

全班形成的具体方案：

【情景模拟】

综合能力训练

目标——

提升对“特殊”老人生理心理特点与疾病特征的认识，提高与“特殊”老人沟通的综合能力。

要求——

相对独立、安静的课室。

纸、笔、资料等。

情景资料：

情景一：你是某养老机构负责老人照护的一名主管，最近入住一位老年性耳聋的长者，护理员告诉你，她没办法与该长者沟通，请应用所学知识与长者沟通，并指导该护理员学会相关知识与技能。

情景二：你是某养老机构的护理员，最近发现你负责的一名长者情绪十分不正常，要么独居房间，喃喃自语；要么十分暴躁，整天发牢骚。请提出具体应对方案（包括该如何做与具体安排，以及具体事项的沟通方案等）。

情景三：你是某养老机构的护理员。近日入住一名 72 岁，肺癌术后 2 年，已出现骨、肝转移的陈奶奶，医生预测其剩余生命时间为 20 天。陈奶奶的先生早已过世，有一儿子在家务农。目前陈奶奶神志清醒，身体十分衰弱，有时伴有一定的疼痛。请提出具体的护理与沟通方案（包括该如何做与具体安排，以及具体事项的沟通方案等）。

实训说明——

1. 时间安排（表 7-4）

表 7-4　时间安排

活动内容	预计时间
活动介绍	5 分钟
场景准备	2 天
分组并按要求开展活动	10 分钟
小组总结并分享	25 分钟

2. 实训规则

第一步：分三个小组，各自选择一个情景案例进行模拟展现。

第二步：模拟展现后，要求每个成员轮流表述观点，再进行分析讨论，形成统一意见。

扮演角色的安排与要求：

场景设计要点（时间、地点、环境、氛围与要求等）：

主要的感受或体会：

建议与意见要点：

【案例分析】

周某，女，79 岁，现居于广州市某小区，因脑血栓导致左侧偏瘫，已卧床两年多，一直由一名 24 小时的保姆看护，子女也仅在每周六一起聚在老人住处吃个晚饭，陪伴一下。

保姆对老人的照顾一般，除每天为老人做饭，进行简单的生活护理（如上厕所等），偶尔在天气好时用轮椅让老人到院子里晒太阳之外，很少与老人讲话。所以，常听见老人抱怨：“唉，老了，没用了，这样的生活真是乏味！” 对于保姆的照顾不周到，老人的子女睁一只眼闭一只眼。他们认为，如今家政公司的保姆大多不愿照顾卧床的老人，而他们又不可能每天守在家里照顾老人，所以也经常劝老人将就一点，起码家里有个人可以看着，不会出大问题。

最近，老人在一次肺炎后，身体功能明显下降，有时迷糊有时清醒，话也越来越少，还经常暗自哭泣，对子女的到来也缺少以往的期盼与热情，爱理不理。偶尔会对子女诉说：“十分担心自己一睡觉就醒不过来了。”

独立完成以下问题。完成后，在小组中分享。

你觉得老人目前存在哪些问题?

有哪些方法可以解决这些问题？如何与他们（包括老人、保姆及她的子女）进行沟通？

第八章　养老机构内部成员的沟通

【学习要点】

◆ 识记：养老机构内部沟通的重要性；养老机构内部存在的沟通层级，以及各层级间的沟通要点与建议。

◆ 理解：养老机构内部成员沟通的原则；养老机构内部存在的沟通层级；团队的形成过程与主要沟通要点。

◆ 运用：养老机构内部成员沟通的原则；养老机构内部各层级间的沟通要点与建议。

【引导案例】

某养老院，负责张爷爷（患有心脏病，刚住院治疗后回到养老院）日常生活的助理小谢在常规检查张爷爷房间时发现，张爷爷床头的应急呼叫系统失灵，随即报告刘主管，并填好表格上交，希望尽快修好。两天后，小谢早上巡查时发现张爷爷已在床上过世了，马上按照常规程序进行处理。经鉴定：张爷爷为心脏病发作而死亡。张爷爷的家属以床头应急呼叫系统失灵而延误张爷爷及时抢救为由，要求养老院给予赔偿。

该案例最后的处理结果如何，本文不做赘述。

案例点评：

从该案例来看，问题的焦点似乎是应急呼叫系统失灵并未能及时修理，但暴露出来的深层次问题却是养老院机构内部成员的沟通与协作问题。

当前，国家对养老机构的申报与审批手续比较规范，在申报项目时均需提交一系列的人员与设备配置清单、规章制度与操作规程等资料。也就是说，养老机构的基本人员、设备配备、管理制度与流程等都是具备的。但为何常常会出现一些如工作不到位等细小问题而导致意外事件的发生？虽然原因是多方面的，如人员配备少、制度不落实、工作不到位等，但仔细分析，其根本原因是服务机构内部成员间存在的沟通不畅及协作不到位的问题。

养老机构本身就是一个小社会，同样需要不同岗位、不同层级及不同人员来完成各自不同的工作。在这种背景下，要实现机构的规范、有序、高效运作就需要全体成员的相互配合与协作，这种配合与协作的前提就是有效沟通。只有通过沟通才能达成共识、形成合力，才能及时解决存在的问题，共同实现工作目标。因此，在现代职场中，人与人之间的沟通技能是必备的一门素质。

知识链接

沟通是把一个组织中的成员联系在一起，以实现共同目标的手段。

——切斯特·巴纳德（美国著名管理学家）

停下来想一想 ⟹ 就以上案例，你认为存在有哪些不足或缺陷？该如何避免？将你的观点在小组中分享，小组形成共识后，选派代表进行陈述。

在学习之前，我们先来看看机构内部沟通的基本类型（表 8-1）。

表 8-1 机构内部沟通的基本类型

分类标准	具体类型
规范程度	正式沟通和非正式沟通
沟通方向的可逆性	单向沟通和双向沟通
沟通的层面	上行沟通、下行沟通（两者合并称为上下级沟通）和平行沟通

停下来查一查 ⟹ 何为正式沟通与非正式沟通、单向沟通与双向沟通？查找出来，并举例说明。

知识链接

未来竞争是管理的竞争，竞争的焦点在于每个社会组织内部成员之间及其外部组织的有效沟通上。

——奈斯比特（美国著名未来学家）

养老机构内部沟通的重要性

● 有利于实现机构的目标及推动养老事业的发展

为了给老人提供专业、到位、贴心的服务，从而实现机构的目标并推动事业发展，每个岗位的每个人各行其责、各显所长已成为机构管理的根本要求。在这种现状下，融洽好各层面、各类别人员间的关系，让他们相互协作、相互补位就显得格外重要，而有效沟通就是融洽他们彼此间关系的最有效途径。

知识链接

最好的想法，最有见地的建议，最优秀的计划，不通过沟通都无法实现。

——史蒂芬·P·罗宾斯（美）

● 有利于实现管理职能

在机构管理的计划、组织、领导与控制中，无论是业务管理、财务管理、人力资源管理，还是处理重大问题与复杂局面等，都必须借助沟通手段才得以完成。就是说，管理的核心就是沟通。松下幸之助曾说过："企业管理过去是沟通，现在是沟通，将来还是沟通。"

○ 从理论与实践上看，管理的实质与核心是沟通。
○ 从管理的对象来看，是工作指令与规章制度，这需要沟通来落实。
○ 从管理的主体来看，都是活生生的人，这需要沟通来维系。
○ 从管理的过程来看，是资源整合的过程，这需要沟通来调配。
○ 从管理的功能来看，是组织、指挥、领导和控制，这需要沟通来执行。

通过沟通，可以保证员工执行到位，让员工自觉参与管理，激励他们提高绩效；通过沟通，可以实现员工间互通有无、信息共享，在理解信息的基础上，积极配合完成管理职能；通过员工间的经验交流与培训，来实现工作效能的提高。

知识链接

有专家用三个 70%来强调沟通的重要意义：第一个 70%是指沟通对于个体尤其是管理者个人成功而言，其重要作用超过 70%。因为只有与人良好的沟通，才能为他人所理解，才能得到必要的信息，才能获得他人的鼎力相助；第二个 70%是指管理者 70%以上的时间所做的工作都与沟通有关。因为开会、谈判、讲话等是最常见的沟通形式，撰写报告和材料实际上是一种书面沟通方式，对外的各种拜访、约见也是沟通的表现形式；第三个 70%是指企业中 70%以上的障碍都来自于沟通不畅。

● 有利于提高员工解决问题的能力与创造力

各人有专长，学业有专攻。通过彼此间的有效沟通，就能把不同理念、不同专长、不同思维方式、不同岗位的个体集中在一起，群策群力，产生一种协同优势，一种多角度、多维度的碰撞，从而迸发出有效解决问题的新方法与新思想，以及创造力。

知识链接

没有沟通，就没有管理。没有沟通，管理只是一种设想和缺乏活力的机械行为。沟通是任何组织中的生命线。好像一个组织生命体中的血管一样，贯穿全身每一个部位、每一个环节，促进身体循环，提供补充各种各样的养分，形成生命的有机体。

● 有利于机构树立良好的公关形象

机构要发展就必须在经营管理中进行机构公共形象的树立与推广，以赢得大众的青睐，这就是我们常说的必须进行“公关”。“公关”是公共关系（public relation）的简称。公关其实就是有目的、有计划地运用传播沟通手段，达到塑造良好企业形象，实现与公众共同满意的目标的实践活动。

其中，机构内部的员工关系对机构的“公关”起到决定性作用。首先，“外塑形象”，机构的形象靠员工来塑造与展示。员工关系是构建良好外部公关形象的前提和基础，是机构“公关”的起点。其次，“内强素质”，机构的品质靠员工来打造与完成。良好的员工关系可以在机构内部产生凝聚力与创造力，是机构品质的源泉与内在决定因素。

整合机构内部公众主体（指员工）的力量，通过选择有效的传播途径，不断增进与外部公众之间的相互理解、信任与合作，就可为机构的建设与发展创造一个良好的外部环境，从而树立起机构的良好形象。

动动手查一查 ⟹ 什么是公关？由哪些要素构成？在当前媒体时代，如何更好地利用媒体公关手段来树立机构形象？分组查找并讨论后，选派代表进行陈述。

养老机构内部沟通的原则

第一章中我们已学到的沟通必须遵循的一些原则同样适用于这里。以人为本原则为例，这里更凸显的是，要求每个员工应当以老人为本，以尊重老人、敬畏生命为出发点，以保护老人的生命与健康为目标，在理解老人的思想、情感与需求的前提下，为老人提供贴心到位的、个性化的服务。这是机构内部成员在沟通中必须坚持的首要原则。

下面再补充一些主要的原则。

● **信任与协作**

我们在第一章已经学到平等与尊重原则，以及信任的重要性。这里再次强调，是因为只有信任，员工彼此间才能多一分理解与支持，才能发现彼此的优点与长处；只有协作，才能更好地补位与完善，共同完成工作任务。

要获得他人的信任与协作，首先必须在立足本职、做好本职的基础上，发挥自身的主动性与创造力，最大限度地提高自己的工作效能与质量，用出色的工作来赢得他人的信任；其次，要在理解他人工作性质与难处的基础上，相信他人工作的主动性、可靠性与能力；最后是要发挥自己的主观能动性去主动帮助他人。

● **服从与制约**

任何机构均存在一定的层级管理与规章制度。俗话说："无规矩不成方圆"。服从管理并时刻接受制度的制约既是工作的需要，又是形成更大的向心力与凝聚力，以及确保各项工作有序、高效进行的根本保证。

● **取长补短**

无可否认，只要是职场就必然存在竞争。要想在职场的竞争中出人头地，机构内的每一个人除脚踏实地、不断提高与完善自己、尽力发挥优势之外，还必须依托机构的互补与传承功能，学习他人的优点与长处，取长补短。

知识链接

人与人天天密切地接触，是要相互付出代价的：欣赏对方的优点，而不刺伤对方的缺点，也不被对方刺伤缺点，双方都需要有多方面的生活经验、理智和诚挚的热情。

任何事物的发生与发展都会受到一些因素的影响，机构内部沟通也不例外。

养老机构内部沟通的影响因素

影响养老机构内部沟通的主要因素分以下三个方面。

● **机构内部文化**

任何机构在建设与运营过程中，均会试图通过以下途径来形成自己独特的企业文化。

○ 外树形象：通过机构的建设风格、设施及员工的仪容仪表等来体现。

○ 内强素质：通过机构员工在服务过程中，以及彼此交往中所产生的活动文化来体现。主要是形成自己独特的经营风貌及员工的精神面貌。

○ 自身的制度文化与精神文化：通过制订各项规章制度来规范员工行为与工作作风来实现。这是机构内部文化中的核心文化，是机构经营管理中形成的独特的意识形态与文化观念。

在企业内部文化的形成过程中，无论是企业的硬件建设，还是企业文化与精神层面上的构建，都必须通过沟通手段来统一思想并贯彻落实；反之，只有形成自身的企业内部文化，才能确保企业员工围绕着企业的中心工作，通过沟通这一载体，群策群力来实现企业有序、规范、高效的运转。可见，机构内部文化是机构内部有效沟通的平台与前提。机构文化与机构内部沟通是相辅相成的关系。

停下来想一想 ⟹ 以制度文化为例，举例说明哪些方面会影响机构内部人员的沟通？

● 机构组织结构

机构的组织结构是机构内部组织之间一切联系方式的总和。每个机构均会根据自身的实际需要来设计组织结构，以完成工作职能。但不管采取何种组织结构（无论是金字塔型、扁平化型，还是功能型、服务型或矩阵型），均会在不同程度上产生等级权利链、部门化与责任中心等问题。等级权利链是由层级管理所造成的。它将每个人安排在不同的权利层次，形成不平等的上下级关系。这种关系容易给人造成不同的心理差异，并在沟通中显现出来而影响彼此的沟通。部门化是指由于专业化分工的需要，将有相似技能或与某一工作相关的员工集中到某一部门。它容易让员工形成小团体意识与狭隘心理，影响部门之间的横向交流。责任中心是由工作职责与权限不同所形成的，主要指员工在完成任务时，由于归属的部门与岗位职责的不同，而容易出现重本职（自扫门前雪）而轻全局，强化竞争（为了个人的自身利益）而削弱合作的现象。这些问题的存在均会在一定程度上影响到机构内部员工的观念、心理与行为，给彼此间的沟通带来障碍。

与此同时，机构内的信息泛滥也会影响到有用信息的传递与效果；工作中所形成的时间压力会影响到信息沟通的全面性，出现抓大放小的现象；信息传递过程中的信息过滤，以及缺乏及时的反馈也会造成信息在传递中失真。有资料显示：董事会决议在参会者那里执行度是100%，到总经理那里执行度是63%，到部门主管那里执行度是56%，到各部门经理那里执行度是40%，最后到员工那里就所剩无几。

停下来想一想 ⟹ 为何会出现信息过滤现象？如何克服信息过滤这一问题？在小组中分享。

停下来查一查 ⟹ 分组查找组织结构内部存在的等级权利链、部门化和责任中心这三个问题，找出有效解决对策，讨论后选派代表进行讲述。

● 沟通双方的个体差异性

根据第三章提到的文化差异问题，作为独立个体的每一个机构内部员工必然也存在着对问题的理解与处理方式等方面存有差异的问题，这同样会在一定程度上影响到彼此间的沟通，甚至可能出现沟通障碍。

停下来想一想 ⟹ 可以采取哪些办法来有效消除因个体差异性所造成的沟通障碍问题？

养老机构内部存在的沟通层级与沟通技能

如上所述，机构内部可因所处位置、分工与角色的不同而呈现多样性的管理层级。一般至少存在机构领导（上层）、科室或部门负责人（中层）与一般员工（下层）三个层级。这三个层级之间就存在上下级之间、同级之间的沟通。

上下级沟通，其实就是上级（管理者）与下级（被管理者）之间的沟通；同层级间的沟通就是平级沟通。

● 上下级沟通

上下级沟通属于纵向沟通，它包括上行沟通与下行沟通。这里必须清楚的是：在上下级之间明显存在着等级差别（或称“位差效应”），即彼此间因所处地位的不同而存在隶属关系，这种关系在行政上表现为权力与服从的关系，在心理上表现为上位心理与下位心理。正确认识两者间的隶属关系，以及存在的差异性是做好彼此沟通的前提。明确这种等级差别后，彼此之间的准确定位十分重要。即上级既要做到以身作则、做出表率，又要引领、支持与帮助下级；下级既要尊重与服从上级的管理与安排，又要执行有力，做好本职工作，实现“我办事，你放心”，来得到上级的信任与重用。另外，彼此间可采用换位思考的办法（即站在对方的角度，设身处地地为对方着想，充分考虑对方的处境和心情），也可有效促进彼此的沟通。

【案例说明】 **各负其责，恪尽职守**

某公司，一上班，李经理就在办公室里团团转，“错了！错了！如何补救呢？”“都怪我！太冲动了。真是便宜没好货，那家便宜厂家的产品根本就不合格。真该用刘老板的产品。”“怪我当时没想好就发传真直接取消了和刘老板的合作，还打电话说他不够朋友。这下闹僵了！”

洪秘书：“就是！我当时还提醒您，要冷静后再做决定。您不听啊！”

李经理：“我那个时候是想我们与刘老板合作这么长时间，人家的价格又是摆在那里的，他应该降点价的。我以为他想赚更多的钱。”又转了一圈，突然好像下了决心似的：“没办法了！只能我亲自打电话向他道歉了。”

洪秘书笑了笑，走到李经理面前。“不用了！那个传真根本就没发出去。”

“没发出去？”

“对！”洪秘书有点自豪地笑着说。

“嗯……”如释重负，李经理终于坐了下来。过了一会，“你就这样压了近一个星期？”

“是啊！我估计您会后悔的，所以就一直压着。”依然带着些许兴奋笑着说。

“那其他的传真呢？”

“放心！经理。哪些该发，哪些不该发，我心里清楚。相信我。”

李经理突然站了起来。“这里是你做主，还是我做主？”

洪秘书呆住了。眼眶一下子就湿了，颤抖地说：“当然是您做主。但……我做错了吗？”

“你做错了！”李经理斩钉截铁地说。

停下来想一想 ⟹ 案例中洪秘书真的有错吗？错在哪呢？该怎么做才合适呢？

作为下属，服从上级的指示，并强有力地执行是下级的职责所在，也是机构顺利运行的基本保证。洪秘书虽然表现出一定的能力，但自作主张的行为犯了管理的大忌。该案例提醒我们：提高执行力、恪尽职守是下级的本分，是刚性要求；发挥能动性与活力是赢得上级欣赏与自身成长的基本要求。

在现实工作中，常出现“上行沟通没有胆”、“下行沟通没有心”的情况。

○ 上行沟通没有胆是指下级往往缺乏胆色与上级沟通。原因之一是受中国文化陈旧等级观念的影响。一句话叫“怕官”。总认为上级有事肯定会找你，不是很重要的事何必去找上级；就算找了，也会因为心理的畏惧，在沟通时出现“知而不言、言而不尽”等现象。原因之二是受传统教育中的谦虚谨慎、回避矛盾与冲突等潜在自我保护意识的影响，产生“多一事不如少一事”的心理而不去与管理者主动沟通；就算沟通了，也会出现对沟通问题采取“既不反对，也不赞成；既不讨好，也不得罪”的现象。

下面的一些建议有助于有效解决这一问题。

□ 克服畏惧上级及明哲保身的心理。将与上级的沟通当成是寻求上级了解与帮助、明晰上级真正意图，以及提高自身能力的机会。

□ 与上级沟通时，要始终保持尊重上级的态度，以事论事来进行沟通；要有很强的时间观念，按时到达；要适应上级的沟通习惯，善于领会上级的意图。

□ 请示问题宜用选择题，而非问答题。这样既可显示你的能力，又利于得到上级的直接指示。

□ 抓住机会，随时随地沟通。沟通无处不在，只怕有心人。如果你害怕到办公室与上级沟通或约不到沟通时间，可以将要沟通的事项提前记在心中或笔记本上，也是可以找到机会与上级沟通的。

□ 在准备沟通内容时，既要准备沟通的问题，又要准备解决方案。因为你才是最了解该问题的来龙去脉的。如，你问："谢总，您看这个问题该如何解决？"他说："你看该怎么办呢？"如果你没做好准备，将显得十分不称职，也会给上级留下不良的印象。另外，建议你准备的解决方案包括两个部分：一是一个问题至少要准备两个以上的解决方法；二是告知各个方案的优缺点及带来的可能效果，并有理有据地指出你倾向于哪个方案及选择的理由。

当然，作为上级，也可以借助目前一些企业已实行的、行之有效的办法来激励与实现上行沟通：如制订完善的投诉程序；上级的开门办公制度、座谈会或热线电话；通过电子邮件或微信、音频、视频对话；采取咨询、问卷和访谈；让员工正式或非正式地参与决策等。

为更好地了解自己上行沟通的积极性，以及说服上级的能力，可用附录6提供的《上行沟通的积极性自测表》与《说服上级的能力自测表》进行测试。

知识链接

你必须有正视缺点的勇气，你才会有享受优点的福气。

——杰克·坎菲尔（美）

○ 下行沟通没有心是指上级可能由于不熟悉具体业务，或是因地位的影响而潜意识地产生"居高临下"的态度而无心与下级沟通。通常表现为：没有用心去理解与分析下级工作中存在的问题；就算用心，也会因不熟悉业务，不知该如何指导，或者对下级的指导常以指令性或训责的形式出现等。

下面的建议有助于有效解决这个问题。

□ 作为上级，应该尽可能熟悉业务。因为只有了解、熟悉才有发言权，才有领导力。这需要上级自觉地不断学习与提高。

□ 克服高高在上的心理，放下身段，深入基层调查研究，掌握第一手资料。

□ 与下级商讨具体问题时，多提要求，鼓励下级提出更多、更好的方案。

□ 给下级尝试的机会并做适当的指导。下级之所以是下级，肯定在一些方面不如你，要想下级能够逐渐独当一面，就应该给下级锻炼的机会，让他们在你的指导下，通过实践来不断提高自己。

停下来想一想 ⟹ 是何原因造成上下级之间存在的等级差别？一起分享。

动动手查一查 ⟹ 何为"心理置换"？是如何进行的？分组查找并讨论后，选派代表进行陈述。

知识链接

一个人领导力的体现包括其沟通方式和开放性，表现为经常开诚布公地谈话，并且尊重读者或听众的智商。领导者不会打着企业的旗号说些暧昧不明的话，也不会将坏消息留给别人去传达。他们认为每个员工都有权利了解企业里发生的事情。

——小路易斯·V·郭士纳（英）

● 平级沟通

平级沟通属于横向沟通，又称平行沟通，是指发生在地位或职责基本相当的员工之间的沟通。

其作用有弥补其他沟通的不足，减少事权冲突，简化办事程序与手续，促使岗位与权限不同但同一层面的员工之间密切合作，提高效能。在现实工作中，常出现“平行沟通没有肺”的情况，是指由于个人（或层面）过于强调自身的重要性而出现沟通时缺乏真心，很少有“肺腑之言”。

下面的建议有助于有效解决这一问题。

○ 明确职责，到位不越位。每个岗位的岗位职责，以及必须坚持的岗位准则都是刚性的，是必须坚持的，这是平级沟通的底线。明确这一底线，彼此间就会少一些越位，多一点理解与尊重。

○ 相对独立，换位思考，相互支持。平级层面中的每个人不仅要保持自身工作的相对独立性，又要通过换位思考来互相提供支持与帮助，共同面对存在的困难与挑战，这样才能发挥相乘功效，及时避免与化解各种矛盾与隐患。

○ 良性竞争，共同进步，有双赢精神。作为平级同事，必然存在因工作忙闲、岗位好坏、进步快慢等所带来的竞争，这需要彼此将竞争作为相互促进、共同进步的载体，形成良性竞争，实现双赢，促进互相学习与共同提高。

知识链接

人际关系是人与人的沟通，是用现代方式表达“欲人施于己者，必先施于人”的金科玉律。

——卡耐基（美）

帮助人是一种崇高，理解人是一种豁达，原谅人是一种美德，服务人是一种快乐，同情人是一种境界。学最好的别人，做最好的自己，借人之智，成就自己。

停下来想一想 ⟹ 如何理解平级沟通中提出的双赢？要如何做才能双赢？

在机构内部，还存在其他的一些沟通方式，我们可以根据其优缺点来选择合适的沟通方式进行沟通（表 8-2）。

表 8-2　其他沟通方式的比较

沟通方式	包括的方式方法	主要优点	主要缺点
口头沟通	交谈、讲座、座谈会、电话等	快速传递、快速反馈、信息量很大	传递中经过层次越多，信息失真越严重，核实越困难
书面沟通	报告、备忘录、信件、文件、内部期刊、布告	持久、有形、可以核实	信息量有限、效率低、缺乏反馈
非语言沟通	肢体动作、语调、空间距离	信息意义明显，内涵丰富，含义复杂	传递距离有限，界限模糊，只可意会
电子媒体沟通	传真、闭路电视、计算机网络、电子邮件、微信等	快速传递、信息容量大、可同时传递给多人	单向传递、看不到表情

知识链接

能用当面沟通的，绝不打电话；能打电话的，绝不发短信（邮件、微信等）；必须要发邮件的，要尽量辅以电话的方式进行下一步的沟通。

另外，企业内部还可以通过下列沟通网络来实现其沟通目的（表 8-3）。

表 8-3　不同沟通网络方式的比较

沟通网络	链式	Y 式	轮式	环式	全通道式
沟通图式			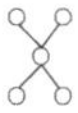	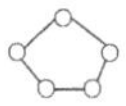	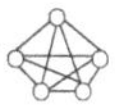
概要	层次清晰，逐级传递，单向；中心人物只与两个成员交换信息，再逐级下传；可多链	层次也清晰，也逐级传递，因中心人物位置不同而派生其他结构，如单型和多链型	存在一个沟通中心，沟通中心与每个人都可双向沟通，非中心人员没有沟通渠道	形成封闭环，成员间都直接或间接地发生关系，沟通较为自主和自由	在环式网络基础上，每两个成员之间都可自由的直接沟通，中心人员作用不明显
速度	中	中	快	慢	快
准确性	高	高	高	低	中
士气	中	中	低	高	高
领导明确性	中等	高	高	中等	低
成员满意度	中等	低	低	中等	高
任务复杂程度	中等	低	低	中等	高

下面的一些具体做法可以促进机构成员之间的有效沟通。

○ 集中精力，积极参与，尽心尽力。要求每个人与机构其他成员一起把精力集中到所面临的工作上，并做好尽心尽力，以赢得他人的信任与尊重。

○ 坦率地处理冲突并愿意妥协。要求每个人立足全局，以一种建设性的双赢方式（既尊重自己又尊重他人）处理冲突。

○ 共同制订指导原则，明确目标，并同时关注过程与结果。机构成员共同制订指导原则，明确各自工作职责与目标，并同意严格执行。关注过程会让成员彼此间更团结与尊重；关注结果可以形成合力，共同奋进。

○ 注重有效反馈，对敏感问题保密。询问他人的想法与意见可表达出对他人的支持与重视，出现不同观点时要对事不对人；敏感或必须保密的问题要限制在机构内部，坚持“在房间里讨论的事，必须留在房间里”的保密原则。

○ 支持你的成员，善于与成绩欠佳的成员合作。真诚地支持与帮助机构中的每个成员，让他们跟上步伐，一起前行，这对维持机构的凝聚力、战斗力与完整性十分重要。

停下来想一想 ⟹ 围绕以上建议，假如你是机构的领导人，具体谈谈如何更好地引领好你的成员？

以上学习的都是机构内部每个个体之间的沟通要点。其实，在机构中，还存在着为了完成某项具体工作而设立专门工作小组。通过制订具体工作方案，并通过沟通来实施。

养老机构内部沟通方案的制订。

除特殊情况外，养老机构内部沟通方案的制订一般遵循第一章提到的管理法则 5W2H，即 Why——何因：指沟通的目的、目标；Who——何人：指沟通的对象或范围；What——何事或何种方法：指沟通的主题或内容、方法；Where——何地：指沟通地点；When——何时：指沟通时间的选择；How——如何：指实现沟通目标的手段或预期效果；How much——多少：指多少人参与。

相信你能应用所学知识，制订出一个针对某项工作的内部沟通方案（我们将在下面的实操训练中学习这一内容）。

停下来想一想 ⟹ 在制订机构内部沟通方案时，有哪些需要我们注意的事项与要求？

制订好内部沟通方案后，就需要小组成员间高效协作，来实现工作目标。在这方面，就涉及一个更具凝聚力与战斗力、更能高效实现工作目标的组织——团队。

团队与团队精神

团队（team）是指由三个或者更多的独立个体（如员工、领导与专家）组成的一个共同体。它合理利用每个成员的知识与技能协同工作，解决问题，实现共同的目标。团队的构成要素可总结为5P：目标（purpose）、人（people）、定位（place）、权限（power）和计划（plan）。团队具有四个基本特征：组织目标清晰，全体成员共同参与，开放与有效的沟通，相互信任与支持。

根据团队的职能、构成与目标的不同，可有以下常见的团队类型：跨职能团队（如专家团队等）、自我管理团队（如自负盈亏团队等）、问题解决型团队与虚拟团队等。

团队精神是一种团队成员之间为了团队的利益与目标而建立起来的共同文化及情感追求，形成相互协作、尽心尽力的意愿与作风。它是高绩效团队的灵魂，是成功团队身上难以磨灭的特质；是大局意识、协作精神与服务精神的集中体现。其核心是协同合作，反映的是个体利益和整体利益的统一，并进而保证团队的高效率运转。

停下来想一想 ⟹ 引导案例中提到的养老院内部员工是否已形成团队？你所在的班级是否是一个团队？为什么？团队与集体有何差异？集体能否变成团队？该如何做？

动动手查一查 ⟹ 分组就团队的四个基本特征（组织目标清晰，全体成员共同参与，开放与有效的沟通，相互信任与支持）进行查找，讨论后形成共识，选派人员进行分享。

知识链接

团队应该有一个清晰的目标，应该有一个共同的愿景，应该有一个合理的分工，应该有一个平衡的角色，应该有一个高度的信任，应该有一个有效的沟通，应该有一个积极的协作，应该有一个完善的制度，应该有一个顺畅的流程，应该有一个领导的魅力。

团队的形成需要经历一些过程（或时期），这些时期不是一成不变的，可以重复某一时期或直接跳过一些时期。下面介绍团队形成的过程，让我们清晰地了解在团队形成的不同时期应该注意的一些问题。

团队形成的过程

● **形成期**

形成期指为了完成某一特定任务而组成一个团队。在这个时期，因为彼此存在一定的陌生感，以及对任务的要求与目标都不太明晰，会存在一种不确定感与紧张感。因此，尽快明确团队的任务、目标、制订时间表、具体分工与合作原则，以及公布可供利用的资源（如人、财、物等）是这一时期的主要工作。

● **震荡期**

震荡期指在发展过程中，由于团队成员间存在的文化差异，以及团队内部沟通机制与环境等因素所造成的冲突时期。它突出表现在权威方面（如我是专业的，我的方法是最权威的），权力方面（如我是头，如果你不同意，我们就不要你）与角色方面（如谁授权你来管我）等。因此，建立起团队内部有效的沟通渠道与机制，以及健康、开放的沟通环境，引导成员更多地关注工作任务而不是个性差异并给予一定的压力等是有效解决这一时期冲突的主要方法。这里要提醒的是，一个不能有效解决冲突的团队将可能永远实现不了其工作目标。

● **规范期**

规范期是团队成员通过一定的接触与磨合，已形成能公开、坦诚地面对存在的问题，具备有效解决冲突及处理好权力与权威问题的时期。设立更有挑战性的目标，鼓励所有成员为项目承担更多的个人任务是这一时期的主要工作。

● **表现期**

表现期是团队十分稳定，任务非常明确，目标相当清楚，配合日趋默契，凝聚力与战斗力高度凸显的时期。保持继续前进的步伐，保持士气与团结，以及维持团队和目标的稳定是这一时期的主要工作。

● **终结期**

终结期指团队在完成任务或达到目标后，可能会永远解散（如没有新任务）或短暂休息（等待下一个任务）的时期。通过一定的方式（如公布业绩、奖励等）来肯定团队成员所做的贡献，对工作进行总结（利于将成功的做法与作风带到新任务或新团队中），以及保持团队的黏度（利于有新的任务时能继续工作）是这一时期的主要工作。

【实操训练】

实训一 组建团队

目标——

提升对团队的认识，提高组建团队、打造团队的能力。

要求——

相对独立、安静的课室。

纸、笔、电脑、投影仪。

主题——

应用所学知识，就如何将你所在的班打造成一个团队，拥有团队精神，写出具体措施、内容与要求，以及判断标准。

实训说明——

1. 时间安排（表 8-4）

表 8-4 时间安排

活动内容	预计时间
活动介绍	5 分钟
根据主题写出具体方案	2 天
小组展示并讨论	35 分钟

2. 实训规则

第一步：每个人根据主题要求分别在组内讲述个人方案（重复的内容忽略后），进行讨论，形成小组具体方案，并制成演示 PPt。

第二步：由小组的一名成员代表小组进行 PPt 演示，全班一起讨论，形成最后方案。

个人方案：

小组形成的具体方案：

实训二　制订内部沟通方案

目标——

提升对内部沟通方案的认识，提高内部沟通方案的策划与实施能力。

要求——

相对独立、安静的课室。

纸、笔、电脑、投影仪。

主题——

你们班准备参加学校创建“三好学风班”活动，请制订具体的活动计划并提出具体的沟通方案（特指本班同学之间）与实施计划。

实训说明——

1. 时间安排（表 8-5）

表 8-5　时间安排

活动内容	预计时间
活动介绍	5 分钟
各小组根据主题写出方案	2 天
小组展示并讨论	35 分钟

2. 实训规则

第一步：每个人根据主题要求分别在组内讲述个人方案（重复的内容忽略）后，进行讨论，形成小组具体方案，并制成演示 PPt。

第二步：由小组的一名成员代表小组进行 PPt 演示，全班一起讨论，形成最后方案。

个人方案：

小组形成的具体方案：

【情景模拟】

沟通与协调能力训练

目标——

提升内部成员对沟通技能的认识，提高内部人员间沟通与协调的能力。

要求——

相对独立、安静的课室。

纸、笔、资料等。

情景资料：

情景一：你是某养老机构的负责人，下面有三个部长（如行政部、后勤部、服务部）和 10 名员工。围绕着“如何防范老人意外事故发生”这一主题，提出与下属沟通的沟通途径与要点。

情景二：你是某养老机构的对外拓展部部长，现在机构拟引进一项外面康复机构项目，现需要组成专门工作小组，请提出具体工作方案（包括由哪些人组成，如何安排工作，具体的工作任务与要求等）？

情景三：你是某养老机构的负责人，有个别员工经常在机构内部散布一些不利机构发展的谣言，你该怎么办？

实训说明——

1. 时间安排（表 8-6）

表 8-6　时间安排

活动内容	预计时间
活动介绍	5 分钟
场景准备	1 天
分组并按要求开展活动	25 分钟
小组总结并分享	10 分钟

2. 实训规则

第一步：分三个小组，各自选择一个情景案例进行模拟展现。

第二步：模拟展现后，要求每个成员轮流表述观点，再进行分析讨论，形成统一意见。

扮演角色的安排与要求：

场景设计要点（时间、地点、环境、氛围与要求等）:

主要的感受或体会：

建议与意见要点：

参考文献

艾恩·史都华，凡恩·琼斯，2008. 人际沟通分析练习法[M]. 易之新译. 北京：世界图书出版公司

从志杰，胡良皞，李凌，等，2010. 人文医学教育：医学生传递坏消息的技巧[J]. 医学与哲学（人文社会医学版），31（418）：61-63

崔佳颖，2010. 360 度高效沟通技能[M]. 北京：机械工业出版社

董方，尹梅，2012. 告知癌症老人真实诊断信息的策略[J]. 医学与哲学，33（445）：66-68

付美菊，王紫君，2015. 跨文化管理沟通中的人际关系处理[J]. 金融视线，225-226

耿燕，陶玉侠，王冰，2015. 人际沟通与交流[M]. 北京：清华大学出版社

郭航远，霍勇，马长生，等，2012. 医生职业化培养[M]. 浙江：浙江科学技术出版社

郭洁，简论全球化工作环境中的跨文化沟通[J]. 人资社科，325-327

郭连荣，赵延英，张华岩，2005. 美国医生对于医疗坏消息告知的程序及具体方法[J]. 医学与哲学，10（294）：68-69

黄明珠，2015. 跨文化管理沟通中的人际关系处理[J]. 中国市场，4（819）：104 -105

姜学林，2008. 医学沟通学[M]. 北京：高等教育出版社

乐思伟，2015. 跨文化商务交际学——研究现状及发展路径[J]. 广东外语外贸大学学报，1：22-27

李功迎，2012. 医患行为与医患沟通技巧[M]. 北京：人民卫生出版社

李秋萍，2014. 护患沟通技巧. 第二版. [M]. 北京：人民军医出版社

李晓，2015. 沟通技巧[M]. 北京：航空大学出版社

李元授，2014.《人际沟通训练》[M]. 武汉：华中科技大学出版社

林丽婵，蔡娟秀，薛桂香，等，2015. 老年护理学[M]. 北京：人民卫生出版社

刘桂荣，孙伟，秦伟，等，2008. 老年健康与康复[M]. 上海：上海交通大学出版社

刘惠军，2014. 医学人文素养与医患沟通技能教材[M]. 北京：北京大学医学出版社

罗伯特·利夫，2016. 关键洞察力[M]. 王国平译. 北京：九州出版社

罗杰·费希尔，威廉·尤里，布鲁斯•巴顿，2012. 王燕译. 谈判力. 第二版. [M]. 北京：中信出版社

罗杰·费希尔，2010. 处理人际关系的最好方案：沟通力[M]. 王燕译. 北京：中信出版社

罗纳德·阿德勒，拉塞尔·普罗科特，2008. 沟通的艺术[M]. 黄素菲译. 北京：世界图书出版公司

强百发，2010. 基于文化差异下的来华留学生管理[J]. 现代教育管理，2：88-91

沈蕾，2014. 全球化商务沟通中文化差异问题及应对策略[J]. 长春教育学院学报，20（30）：54，55

松桥良纪，2015. 倾听术[M]. 北京：中国出版社

王建民，2015. 老年服务沟通实务[M]. 北京：中国人民大学出版社

王锦帆，2008. 医患沟通学[M]. 北京：人民卫生出版社

王萌，2015. 跨文化交际人才培养中问题的解析[J]. 现代交际，2（402）

王维利，2013.《治疗性沟通系统》[M]. 北京：人民卫生出版社

王晓燕，2015. 中西方商务谈判的文化差异探讨[J]. 齐齐哈尔大学学报（哲学社会科学版），2015：25，26

王责荣，2012. 外科医师告知病情坏消息的方法和技巧[J].中国医药指南，10（36）：384，385

威廉·科克汉姆，2015.《医学社会学》[M]. 北京：人民卫生出版社

徐丽丽，2015. 四大沟通模式[M].北京：航空大学出版社
杨兵，2014. 如何传达疾病坏消息[J]. 北京医学，10（36）：849-850
姚莉娜，顾红，韩舒静，2015. 分析文化差异 跨越沟通障碍——基于中日文化差异分析的跨文化沟通研究[J]. 山西财经大学学报，37（S1）：61-62
伊丽莎白・库伯勒・罗斯，大卫・凯思乐，2008. 当绿叶缓缓落下[M]. 张美惠译.成都：四川大学出版社
余世维，2012. 有效沟通（第二版）[M]. 北京：北京联合出版公司
郁俊玲，何云舒，朱亦雷，2015. 跨文化沟通中的宴会宴席文化初探 [J]. 安徽文学，3（380）：126 -127
张允岭，2013. 老年痴呆早期防治手册[M]. 北京：人民卫生出版社
赵雅丽，2012. 老年人不生病的生活方式[M]. 哈尔滨：黑龙江科学技术出版社
周桂桐，2013. 医患沟通技能[M]. 北京：中国中医药出版社
周毅，2001. 人际交往与医患沟通[M]. 北京：北京大学医学出版社
Lee，V，1991. Language changes and Alzheimer’s disease：A literature review[J].Journal of Gerontological Nursing，17（1）：16-20
Lloyd M，Bor R，2013. 医学沟通技能[M]. 钟照华主译. 北京：北京大学医学出版社

附录 1　沟通技能测试

总体不同意给 1 分，一般不同意 2 分，中立 3 分，一般同意 4 分，完全同意 5 分。

符号	倾听表现	得分
1	有效倾听的技巧： 我总是能够主动倾听他人的口头语言与非口头语言	你的得分
2	承担责任： 我总是能够为自己的决策与行为负责	你的得分
3	解决问题能力： 我能够帮助他人冷静地、有创造性地解决难题	你的得分
4	巧妙地表达情感与观点： 会议期间，我总是能够清晰地表达自己的感受与观点，不感情用事	你的得分
5	自我意识： 我总是能够了解自己的感受与情绪，重视它们对我的行为的影响	你的得分
6	对他人的了解： 我总是能够认可来自不同背景的人的经验及奉献，敏锐地觉察我的行为对他们的影响	你的得分
7	对他人成绩的认可： 我总是能够对他人取得的成绩给予好评，感激他们所做的贡献	你的得分
8	诚实守信： 我总是能够信守诺言，为人正直	你的得分
9	虚心接受反馈意见： 我总是能够征求他人的反馈意见，接受他们的建议，弥补自己的不足	你的得分
10	接受他人的观点： 我总是能够对他人的需求体察入微，从而接受与采纳不同的观点	你的得分
11	目标调整： 在社交中，我总是能够管理自己的行为。因此，能够根据他人的目标对自己的目标进行调整	你的得分
12	冲突管理： 我总是能够对冲突进行有效管理，通过积极行为影响他人的行为，以及有效地运用沟通与说服技巧，努力找到双赢的解决方案	你的得分
	合计	

如果你的得分低于 60 分，表明你的沟通技能较差，需要制订计划加以改进与提高。

附录 2　非语言沟通能力测试表

在下面测试表中选择你的选项，并参照评分标准表得出分数后合计总得分，再参照答案与分析来自查你的非语言沟通能力。

符号	测试题目	选项
1	当与人初次会面时，经过一番交谈，你能否对对方的言谈举止、知识素养等作出积极准确的评价？	A.不能　B.很难说　C.我想可以
2	当你和别人告别时，谁会先提出下次见面的时间、地点？	A.对方提出　B.谁也没有提出　C.我提议的
3	当你第一次见到对方时，你的表情与态度是怎样的？	A.热情诚恳，自然大方　B.大大咧咧，漫不经心　C.紧张局促，羞怯不安
4	你是否在寒暄之后，很快就找到了双方共同感兴趣的话题？	A.是的，我很擅长　B.我觉得这很难　C.必须经过较长时间才能找到
5	你与别人谈话时，通常的坐姿是怎样的？	A.两膝并拢　B.两腿叉开　C.翘起“二郎腿”
6	当你同对方讲话时，眼睛望向何处？	A.自视对方的眼睛　B.看着其他的东西或人　C.盯着自己的纽扣，不停玩弄
7	你选择的交谈话题是怎样的？	A.双方都喜欢的　B.对方感兴趣的　C.自己所热衷的
8	在第一次交谈中，你们各自讲话所占用的时间情况如何？	A.差不多　B.他多我少　C.我多于他
9	当你说话时，说话的音量如何？	A.很低，别人听得很困难　B.柔和而低沉　C.声音高亢且热情
10	当你说话时，姿态是否丰富？	A.偶尔有些手势　B.从不指手画脚　C.常用姿态来补充语言表达
11	你讲话的速度怎样？	A.频率相当高　B.十分缓慢　C.节奏适中
12	假如别人谈到你完全不感兴趣的话题，你将如何做？	A.打断别人，另起话题　B.显得沉闷、忍耐　C.依然认真听，从中寻找乐趣

评分标准表（在选项上“√”，并合计得分）

符号	1	2	3	4	5	6	7	8	9	10	11	12	合计得分
5 分	C	C	A	A	A	A	B	B	B	B	C	C	
3 分	B	A	C	C	C	C	A	A	A	A	B	B	
1 分	A	B	B	B	B	B	C	C	C	C	A	A	

答案与分析

分数为 0～22 分：提示首次效应差。有很大可能性是你只是按自己的习惯行事。你原本是很愿意给别人留下一个美好印象的，可是你的漫不经心或缺乏体贴及语言无趣，无形中让别人做出对你的错误判断。请记住交往是一种艺术，而艺术是不能不修边幅的。

分数为 23～46 分：提示首次效应一般。在你表现中存在着某些令人愉快的成分，但有时也有不够精彩之处，这使别人不会对你印象不佳，但也不会产生强烈的好感。如果你希望提高自己的魅力，首先必须在心理上重新审视，在“交锋”的第一回合就迅速显示出最佳形象。

分数为 47～60 分：提示首次效应好。你的适度、温和、合作，给第一次见到你的人留下了良好的印象。无论对方是你工作范围内的合作者还是私人生活中的朋友，无疑都会有与你进一步接触的愿望。你的问题在于过多注意那些单向的使你“一见钟情”者。

附录 3　沟通技能自我测试

在下面测试表中，根据评分标准自行评分后合计得分，评分标准：1～5 题评分标准——总体不符合为 5 分，一般不符合 4 分，偶尔不符合 3 分，一般符合 2 分，总是符合 1 分；6～10 题评分标准——总体不符合给 1 分，一般不符合 2 分，偶尔不符合 3 分，一般符合 4 分，总是符合 5 分。

符号	倾听表现	得分
1	在倾听他人谈话时，我很难分清重要与次要的观点	1
2	在倾听时，我知道别人在说些什么	2
3	在倾听时，我会考虑下一步要说什么话	3
4	不等他人讲完话，我就表明自己的观点	4
5	我注意洞察别人是否理解我的观点	5
6	在倾听时，我比较注意检查那些与自己了解到的不一样的信息	6
7	在倾听时，我敏于体察他人的情绪	7
8	在倾听时，我关注自己与他人之间的沟通过程	8
9	当与他人沟通时，我尽力去理解那些被创造出来的含义	9
10	当我不确定别人的意见时，我会请他详述	10
	合计	

得分越高，提示你的倾听水平越好。

附录4 聆听的游戏测试答案与分析

序号	1	2	3	4	5	6	7	8	9	10
答案	C	C	B	C	C	A	C	C	B	C

1. “老板将商场内的灯关掉后，一男子到达”，原题说的是某商人，商人不一定是老板，因此答案是不确定。

2. “抢劫者是一男子”，答案仍是不确定。因为索要钱款不一定就是抢劫，可以是讨债或借款，当然也可能是抢劫。

3. “来的那个男子没有索要钱款”，显然是错误的。

4. “打开收银机的那个男子是老板”，答案是不确定。原因是题目中没有说明老板是男的还是女的。

5. “老板倒出收银机中的东西后逃跑了”，答案是不确定。因为逃走的是索要钱款的男子，至于老板有无逃走，题目中没有提及。

6. “故事中只提到收银机，但没说里面有多少钱”，符合题目，答案是正确。

7. “抢劫者向老板索要钱款”，答案是不确定。因为男子不一定是抢劫者，被索要钱款的也不一定是老板。

8. “抢劫者倒出收银机中的东西后，急忙离开”，答案是不确定。因为无法确定是谁把收银机中的东西倒出。

9. “抢劫者打开了收银机”，答案是错误。因为题目中已明确是老板打开了收银机。

10. “抢劫者没有带走钱款”，答案是不确定。因为不确定该男子是否是抢劫者，也不确定该男子是否带走了钱款。

附录5　简短智能评量表（MMSE）

1. 请老人回答：今天是几月？几日？星期几？今年是哪一年？现在是什么季节？（5分，每答对1项得1分，可不计顺序。）

2. 请老人回答：我们现在在什么地方？（5分）

3. 说3个词语，请老人记在心里，然后请老人复述出来，如“眼镜、红色、老实”。（3分，每答对1项得1分，可不计顺序。）

4. 请老人计算：2加4是多少？7减3是多少？（2分，每答对1项得1分，可不计顺序，也可选择其他个位数的加减法运算）

5. 请老人计算：100减7是多少？再减7是多少？再减7是多少？（以下类推，共计减5次为止，每答对1次得1分。）

6. 请老人回忆刚刚记得的那3个词语是什么？（至少要间隔10分钟以上。答案：眼镜、红色、老实，每记得1项得1分，可不计顺序，3分。）

7.（指着手表或笔问）请老人回答：这是什么？（答对的得2分）

8. 请老人念出这个句子“没来有往不自在，没去有来真趣味”。（能读正确的得1分）

9. 请老人写下一个语意通顺的句子。（能写出来的得1分）

10. 请老人跟着做3个动作：用左手（非惯用的手），拿起一张纸，折成一半，再递给测试者。（能比较顺利完成的得3分）

答案与分析

此量表满分30分，每答对一题得一分。文盲≤17分，小学文化程度者≤20分，中学及以上文化程度者≤24分，提示为轻度认知功能障碍或痴呆，应到医院咨询检查。

附录 6　上行沟通的积极性自测表

6-1：在下面自测表中，根据评分标准自行评分后合计总得分。评分标准：非常不同意得 1 分，不同意 2 分，无意见 3 分，同意 4 分，非常同意 5 分。

序号	情景	得分
1	尽管没有重要的事，我也会频繁地与上级沟通	
2	我会时常保持与老板的沟通	
3	我时常赞美上级	
4	我会关注上级的私人生活	
5	我常与上级分享笑话或有趣的事情	
6	我将上级当作自己的朋友一样对待	
7	在社交聚会中，我会制造与上级互动的机会	
8	我曾经与上级一起分享我们过去的经验	
9	当上级遇到难题时，我会给上级鼓励并一起讨论	
10	我曾询问上级对我在组织中工作的观点与看法	
11	我会与上级分享我未来的职业规划	
12	即使不需要，我还是会找上级来帮忙	
13	我常与上级沟通工作中的事务	
14	我在工作中遇到困难时会寻求上级帮忙	
	合计	

答案与分析

总得分在 50 分以上：说明你的上行沟通积极性很高，能够非常主动地与上级进行沟通。

总得分在 30～50 分：说明你的上行沟通积极性一般，有时能够与上级进行主动沟通，但更多的时候是被动等待上级与你沟通。

总得分在 30 分以下：说明你与上级沟通的积极性不佳，不善于与上级进行沟通。

说服上级的能力自测表

6-2：在下面自测表中，根据评分标准自测评分后合计总得分。评分标准：一般如此得 3 分，经常如此得 2 分，很少如此得 1 分。

序号	说服上级的技巧	得分
1	能自始至终保持微笑，并且语音适中	
2	善于选择上级心情愉快、精力充沛的时候作为谈话时机	
3	已经准备好详细资料与数据以支持你的方案	
4	对上级将会提出的问题胸有成竹	
5	语言简明扼要，重点突出	
6	和上级交谈时亲切友好，能充分尊重上级	
	合计	

答案与分析

总得分 14～18 分：提示你能在工作中自觉地应用沟通技能。你是一个非常受欢迎的人，你的上级很欣赏你。

总得分 7～13 分：提示你已经掌握了一定的沟通技能，并已经尝试着在工作中应用。你的上级认为你是一个有潜力的人，但仍需不断努力。

总得分 0～6 分：提示你应该抓紧时间学习一些与上级沟通的技能了，因为你现在和上级的关系很不融洽。适当地改善沟通技能，可以帮助你充分发挥自己的才能，去争取更大的发展空间。